U0858149

齐鲁圣贤语录

马新主编

孙子孙膑语录

郭海燕 编著

山东大学出版社

图书在版编目(CIP)数据

孙子孙膑语录/郭海燕编著.—济南:山东大学出版社,2016.3
(齐鲁圣贤语录/马新主编)
ISBN 978-7-5607-5520-5

Ⅰ.①孙… Ⅱ.①郭… Ⅲ.①孙武—语录 ②孙膑—语录 Ⅳ.①E892

中国版本图书馆 CIP 数据核字(2016)第 066950 号

责任编辑:刘森文
封面设计:牛 钧

出版发行:山东大学出版社
社 址 山东省济南市山大南路 20 号
邮 编 250100
电 话 市场部(0531)88364466
经 销:山东省新华书店
印 刷:山东华鑫天成印刷有限公司
规 格:787 毫米×1092 毫米 1/32
6.875 印张 115 千字
版 次:2016 年 3 月第 1 版
印 次:2016 年 3 月第 1 次印刷
定 价:18.00 元

本书系山东省古籍整理项目“齐鲁文化经典研究”、齐鲁文化名家立项课题“走进齐鲁经典文化”结项成果

《齐鲁圣贤语录》课题组

课题组负责人　马　新

课 题 组 成 员　（以姓氏笔画为序）

马　新　马德青　王玉喜　巩宝平

刘厚琴　李吉东　李学娟　吴　云

陈以凤　校　潇　郭　浩　郭海燕

总序

所谓语录，就是对圣贤哲人言论的撷录，或只言片语，或精妙短论，虽为吉光片羽，但无一不是其思想之精华，足以让我们走近圣者，与之对话，聆取教诲。这套《齐鲁圣贤语录》，就是对春秋战国时代齐鲁圣贤言论的撷录。

齐鲁之邦，钟灵毓秀，圣贤辈出。自齐太公姜尚以来，生于斯、活跃于斯者粲然可观。春秋时代，有管子、孔子、晏子、孙子；战国时代，有荀子、孟子、庄子、孟子、孙膑，还有吴起、公孙衍、许行、慎到、扁鹊、甘德，等等，不一而论。秦汉以后，至于近代，同样是不绝于缕。但影响最为深远的还是春秋战国时代的齐鲁圣贤哲人。因此，我们首先从其中寻找有较为完整的传世之作者，采撷其言论，汇为一编。计有《孔子语录》《管子语录》

《晏子语录》《孙子孙膑语录》《荀子语录》《墨子语录》《孟子语录》《庄子语录》，共八册。

对于先人言论的重视是中国自古以来的传统，西周春秋时代史官的分工就是“左史记言，右史记事”。弟子后学对其先师达人的言论也格外珍视。因而，在圣哲们的传世著作中，大部分内容是弟子后人对其言论的汇集，实际上就是一部言论集。这就为我们的工作提供了莫大的便利。在选取时，我们以其最具代表性的著作为底本，着重披选；对于散见于其他著作或典籍的言论作为补充，亦酌情录入。如《孔子语录》主要选自《论语》，同时又从《礼记》《庄子》《韩非子》《孟子》《孔子家语》等典籍中录出一部分，共成一册。

齐鲁圣哲是齐鲁文化名人，但又不单纯是地域性名人，因为他们同时还是诸子百家的代表人物。长期以来，他们一直处在神殿之上，有着神圣的光环，诸如“至圣”“亚圣”“兵圣”……让人难以接近。历朝历代的学问家们为之作注作解者不计其数，但几乎都是高深的义理之疏，寻求的是其中的微言大义。我们这套《语录》则是反其道而行之，重在寻找圣贤哲人的言论中那些至今依然光彩四溢、使人爱不释手、随时受用者，让圣哲们深邃的哲理走出殿堂，成为大众的良师益友，成为大众的座右铭。因而，我们在选取时注重选取至今仍有活力者、朗朗上口者，对于千百年来脍炙人口的名言警句则优先

选入。对于所选语录，只进行难字难词的简要注释，并配以今译，不再进行引经据典式的层层疏解，以便于读者去除屏障，直接与圣者们对话。

这套《语录》是我们为中国传统文化的传承与普及做的初步尝试，也是向齐鲁圣贤哲人的致敬之作。限于水平与学识，粗疏之处，在所难免，敬请广大读者不吝赐教。

马　新

2016 年 2 月于山东大学高阁书斋

前言

孙子，名武，字长卿，春秋末年齐国人，生卒年代不详，大约与儒家创始人孔子同时或略晚。他的祖先本是陈国的公子完，因陈国发生内乱，惧祸奔齐，并改姓田氏。至孙武的祖父田书时，因在公元前523年齐国的伐莒之战中表现突出，齐景公将乐安赐给他作为采邑，并赐姓孙氏。孙武的父亲孙凭，在齐景公时任齐国的卿。出生于权贵之家的孙武，在青少年时代受到过正规的良好的教育，而且也有可能随着祖父等家族成员进行过具体的战争实践。但因此时的齐国内乱不止，孙武担心祸及其身，于是离齐奔吴。后来在伍子胥的推荐下，孙武以《兵法》十三篇见吴王阖闾，通过斩姬练兵，受到吴王的赏识，并被任命为将，委以军国大事。孙武为将后，为吴国的兼并战争立下了卓越的功绩。《史记·孙子吴起

列传》载:“西破强楚,入郢,北威齐晋,显名诸侯,孙子与有力焉。”公元前512年,孙武与伍子胥、伯嚭率吴军攻克了楚的属国钟吾国、舒国。公元前506年,孙武又与伍子胥一起,联合唐、蔡两国,全力攻楚,在柏举大败楚国,攻占楚国都城郢。孙武的结局虽然不得而知,但很可能因吴王夫差好大喜功,心存猜忌,轻于杀伐,他主动辞官,归隐山中,修缮兵法,最终老死山林。

孙武去世约百年后而有孙膑。按照司马迁在《史记·孙子吴起列传》中的说法,孙膑出生于山东境内的东阿、鄄城之间,也是齐国人,是孙武的后人。其原名不详,因受过膑刑故名孙膑,大约与孟子是同一时期人。孙膑早年曾与庞涓一起师从鬼谷子学习兵法。后来庞涓出仕魏国,担任了魏惠王的将军。庞涓自感才智不及孙膑,担心日后孙膑下山出仕会对自己构成威胁,于是将孙膑诓骗到魏国,之后又设计陷害他,对其施以膑刑和墨刑。后来,孙膑在齐国使者淳于髡的帮助下,逃离魏国,投奔齐国,成为齐国大将田忌的门客。之后帮助田忌在与威王的赛马中取胜,田忌将其推荐给齐威王,威王接见孙膑,并拜其为军师。公元前354年,孙膑辅佐田忌,采用“围魏救赵”的计策,击败庞涓,取得桂陵之战的胜利。公元前341年,孙膑再次辅佐田忌,以“减灶退兵”之计击败庞涓,全歼魏军,俘虏太子申,取得马陵之战的胜利。马陵之战后,孙膑的具体情况史书无载,

不过，在马陵战后田忌因遭宰相邹忌的陷害，被迫流亡楚国，作为田忌重要谋士的孙膑很可能也随之远走楚国，潜心著述。后来，齐宣王即位后，孙膑可能又跟随田忌返回齐国，继续为齐国的发展出谋划策。至于孙膑最后是如何去世的，已经无从得知了。

战乱动荡的时代造就了孙武和孙膑，他们的兵学思想和军事智慧通过各自的兵书《孙子兵法》《孙膑兵法》流传下来，并对后世产生了深远的影响。

在战争观方面，孙武和孙膑都强调慎战。孙武指出，战争是关系着国家民族生死存亡的大事，必须认真加以考察。他强调战争不是单纯的军事行动，必须将战争与经济、政治、法制、天、地、人等因素相结合来综合考虑。孙膑身处战乱频仍的战国时期，对战争问题的思考，较之孙武更加深入。他一方面强调只有通过“战胜而强立”“举兵绳之”的战争方式，才能保证国家的存在，实现国家的统一；另一方面也反对穷兵黩武，认为“乐兵者亡，利胜者辱”，战争手段不能轻率随意的使用，必须做到“事备而后动”。对于战争，孙膑认为，人类有一种类似动物的天生野性，“喜而合，怒而斗”，所以导致了战争的发生。对此，他提出了“义战”的标准，认为“卒寡而兵强者，有义也”。

在战略战术上，孙武和孙膑显示出了超人的智慧和高超的谋略。孙武推崇“不战而屈人之兵”的作战境界，

提倡“伐谋”“伐交”，反对“伐兵”“攻城”。他提出，“知”是战略决策的基础，在战前必须做到“知己知彼”“知天知地”。在战争中，要通过“先处战地”“攻其不守”“冲其虚”“我专而敌分”等方式，达到“致人而不致于人”的目的，从而牢牢掌握战争主动权。他还指出，战争指挥者要善于造“势”，以势取胜；要善于运用奇正之术，“以正合，以奇胜”；要处理好攻、守之间的关系，根据敌我双方的实力对比，决定是攻还是守；在战争中可以通过“治气”“治力”“治心”“治变”等方式实现打击敌人的目的。孙武十分注重战争中对地形条件的运用，提出了利用地形的基本原则，即“好高而恶下，贵阳而贱阴，养生而处实”。他还强调，战后一定要“修其功”，防止“费留”局面的出现。孙膑在战略战术上进一步拓展和完善了孙武的兵学理论，不仅提倡诡诈用兵、“必攻不守”“用势”“治气”，而且还进一步提出用兵要以“道”制胜，即合理运用战争规律，以克敌制胜。他还提出了以寡击众、以弱胜强的战略思想，认为通过“让威”“分人之兵”“伪遗小亡”等战法，就可以以弱国战胜强国。他还指出，在敌强我弱的战场形势下，要想转化战场形势，必须要经历一个持久的阶段。在战争中，孙膑特别注重对阵法的运用，提倡要因地制宜，灵活布阵，布阵时兵力部署必须遵从“用阵三分”“有锋有后”“斗一，守二”的原则。

在治军方面，孙武和孙膑分别提出了许多颇有价值

的思想观点。孙武十分重视军队素质的训练与培养，提出了“合之以文，齐之以武”的治军原则，认为将帅必须以情带兵，“视卒如婴儿”“视卒如爱子”。在选将方面，他提出了“智、信、仁、勇、严”五条选拔将帅的标准，并指出将帅必须克服“必死”“必生”“忿速”“廉洁”“爱民”五种性格缺陷。他还特别强调，一定要处理好将帅和国君之间的关系，做到“将能而君不御”。孙膑继承、发展了孙武的治军建军思想，提出了“强兵之急”在于“富国”、重用“选卒”“明赏罚”“明爵禄”等有关军队组织和建设的主张。在将帅素质方面，他认为将帅必须具备“忠”“信”“敢”“智”“勇”“知道”“数战”等品德和才能。

此外，孙武还提出了“合于利而动，不合于利而止”的用兵准则，以及“因粮于敌”“车杂而乘之，卒善而养之”等后勤保障原则。

孙武、孙膑生活的时代距今虽已两千多年，但他们所阐述的战争的基本原理和原则的价值却没有因时代的推移而降低，对现代战争、国防建设乃至许多非军事领域仍然有重要的指导意义，仍然值得我们学习和借鉴。兵书中的许多语句，如“攻其无备，出其不意”“兵贵速，不贵久”“知彼知己，百战不殆”“胜兵先胜而后求战，败兵先战而后求胜”“善战者，致人而不致于人”等，已经成为家喻户晓的至理名言。

为了给广大读者提供一个了解孙武和孙膑思想的

门径，我编著了这本《孙子孙膑语录》。入选本书的孙子语录采自《孙子兵法》以及近年来出土文献和散见于一些古籍文献中的孙子论兵之语；孙膑语录主要从1985年文物出版社出版的银雀山汉墓竹简整理小组编定的《孙膑兵法》十六篇中选编，另外还包括散见于一些古籍文献中的孙膑论兵言论。希望本语录的汇辑，对今天的读者了解孙子、孙膑的兵学思想乃至中国传统兵学文化有所裨益。

郭海燕

2015年9月于滨州学院孙子研究院

目录

孙子语录

孙膑语录

孙子语录

决策篇

概述

战略决策是兵家思想中非常重要的一个方面，决策的优劣直接影响着战争的胜负，关系着国家的安危。作为兵家最具代表性的经典文献，孙子对战略决策问题十分重视，并有着精辟的论述。孙子认为，战争不是单纯的军事行动，应该将其与经济、政治、法制、天、地、人等因素相结合，从国家综合实力的角度去考虑战争问题。他提倡，在国家遇到战事时，不要盲目出兵，要先进行“庙算”，即国君将大臣召集于宗庙来商议谋划战事，对敌我双方从“五事七计”等方面进行分析对比，在此基础上预测战争的胜负，并制订出切实可行的作战方案。孙子还强调，“知”是战略决策的基础，无论是战前还是战争过程中，都要将“知彼知己”“知天知地”作为行动的最高纲领，只有对敌我双方的情况有透彻的了解，才能正确估量双方战略态势及实力对比，从而作出正确的决策。

兵[1]者，国之大事，死生之地[2]，存亡之道[3]，不可不察[4]也。

（《孙子兵法·计篇》）

〈注释〉

①兵：本义为兵器，引申为兵士、军队、战争等。此指战争。

②地：处所、场所。

③道：本义为道路，此指方式、途径。

④察：考察、研究。

〈译文〉

战争是国家的大事，它关系着民众的生死，国家的存亡，不可不认真考察和研究。

故经[1]之以五事，校之以计而索其情[2]：一曰道，二曰天，三曰地，四曰将，五曰法。道[3]者，令民与上同意[4]也，故可以与之死，可以与之生，而不畏危。天者，阴阳[5]、寒暑[6]、时制[7]也。地者，远近、险易、广狭、死生[8]也。将者，智、信、仁、勇、严也。法者，曲制[9]、官道[10]、主用[11]也。凡此五者，将莫

不闻,知之者胜,不知者不胜。

(《孙子兵法·计篇》)

〈注释〉

①经:度量、衡量。

②校(jiào)之以计而索其情:校,通"较",衡量、比较。计,指下文"主孰有道"等七个方面。情,情势、实情,也可理解为规律。

③道:本义是道路,引申为事理、规律、方法等。先秦诸子各言其"道",含义不尽相同。此指政治条件,尤指民心向背。

④令民与上同意:使民众与统治者意愿一致。上,君主、统治者。同意,同心同德、意愿一致。

⑤阴阳:昼夜、晴雨等天时气象的变化。

⑥寒暑:寒冷、炎热等气温的不同。

⑦时制:四季的变换。

⑧死生:地形是否有利于攻守进退。死,死地,进退两难的地形。生,生地,攻守自如的地形。

⑨曲制:军队的组织和编制。

⑩官道:中国古代官吏的职责区分、统辖管理。

⑪主用:各类军需物资、军事费用的供应管理。

〈译文〉

要从五个方面衡量敌我双方的情况,比较敌我双方的各种条件,从中探求战争胜负的情势。这五个方面分别是:道、天、地、将、法。所谓"道",是使民众与统治者意愿一

致，可以与君主同生共死，而不畏惧危险。所谓“天”，是指昼夜、晴雨等天时气象的变化，寒冷、炎热等气温的不同，四季的变换。所谓“地”，是指距离作战区域的远近，地势的险要与平坦，以及战场的广阔与狭窄。所谓“将”，是指将帅必须具备足智多谋、赏罚有信、关爱士卒、勇敢果断、执法严明等品质。所谓“法”，是指军队的组织和编制，中国古代官吏的职责区分、统辖管理以及各类军需物资、军事费用所说的供应管理。以上五个方面，将帅应该都知晓，知晓的用兵打仗就能取胜，不知晓的就会失败。

故校之以计而索其情，曰：主①孰②有道？将孰有能？天地孰得？法令孰行？兵众孰强？士卒孰练③？赏罚孰明？吾以此知胜负矣。

（《孙子兵法 · 计篇》）

注释

①主：国君、君主。

②孰：疑问代词，谁，这里指哪一方。

③练：训练，这里指士卒训练有素。

译文

需要通过比较双方的具体条件来探究战争胜负的情

形，即双方君主哪一方统治更清明？哪一方将帅更有才能？哪一方拥有更好的天时地利条件？哪一方军纪严明？哪一方兵力强大？哪一方士卒训练有素？哪一方赏罚分明？通过这些分析比较就能够判断谁胜谁负了。

夫未战而庙算[①]胜者，得算多[②]也；未战而庙算不胜者，得算少也。多算胜，少算不胜，而况于无算乎？

（《孙子兵法·计篇》）

注释

①庙算：庙，古代祭祀祖先和商议国事的场所。春秋时期，兴师作战之前，要在庙堂里进行商议谋划，预测战争胜负，制订作战方略，这一作战准备程序叫“庙算”。

②得算多：取胜的条件充分。算，计算用的筹码，此指取胜的条件。

译文

在开战之前就预计能够取胜的，是因为筹划周密，取胜的条件充分；在开战之前就预计不能够取胜的，是因为筹划不周，取胜条件少。事先预计取胜条件多就可以获胜，取胜条件少就不能获胜，更何况不具备任何取胜的条件呢？

故知胜[①]有五:知可以战与不可以战者胜,识众寡之用[②]者胜,上下同欲[③]者胜,以虞[④]待不虞者胜,将能而君不御[⑤]者胜。

(《孙子兵法·谋攻篇》)

〈注释〉

①知胜:预知战争胜利。

②识众寡之用:懂得根据敌我双方兵力多少而采用不同的作战方法。识,知道、懂得。众寡,兵力多少。

③同欲:意愿一致,齐心协力。

④虞:准备。

⑤御:驾驭,此指牵制、制约。

〈译文〉

预知战争胜利有五种情况:知道什么情况下可以同敌人打,什么情况下不可以同敌人打的,能够获胜;懂得根据敌我双方兵力多少而采用不同的作战方法的,能够获胜;全军上下齐心协力的,能够获胜;自己有充分的准备,而敌人准备不足的,能够获胜;将帅有才能而国君不加掣肘的,能够获胜。

知彼知己者,百[①]战不殆[②];不知彼而知己,一胜一负[③];不知彼,不知己,每战必殆。

(《孙子兵法·谋攻篇》)

注释

①百:概数,指多次。

②殆:危险,此指失败。

③一胜一负:胜负各半。此指没有必胜的把握。

译文

既了解敌人的情况,又了解自己的情况,每次打仗都不会失败;不了解敌人的情况,只知道自己的情况,那胜负的可能各占一半;既不了解敌人的情况,也不了解自己的情况,那么每次打仗都会有失败的危险。

地生度①,度生量②,量生数③,数生称④,称生胜。

(《孙子兵法·形篇》)

注释

①度:度量,指土地面积的大小。

②量:容量,指物质资源的多少。

③数:数量,指兵力数量的多寡。

④称:权衡、衡量,指敌我双方实力状况的对比。

译文

敌我双方所处地域的不同,产生了土地面积大小不同

的“度”;土地幅员“度”的不同,产生了物质资源丰瘠不同的“量”;物质资源“量”的不同,产生了兵力多寡不同的“数”;兵力多寡“数”的不同,产生了敌我双方实力强弱不同的“称”;敌我双方实力强弱“称”的不同,决定了交战双方的胜负成败。

知战之地,知战之日,则可千里而会战①。

(《孙子兵法·虚实篇》)

〈注释〉

①会战:以主力与敌人决战。

〈译文〉

如果能预先知道交战的地点及时间,那么即使跋涉千里也可以以主力同敌人决战。

不知战之地,不知战之日,则左不能救右,右不能救左,前不能救后,后不能救前,而况远者数十里,近者数里乎?

(《孙子兵法·虚实篇》)

〈译文〉

如果既不能预知交战的地点,又不能预知交战的时间，就会出现这样的情况：敌人攻我右翼，我不能用左翼相救；敌人攻我左翼，我不能用右翼相救；敌人攻我后队，我不能用前队相救；敌人攻我前队，我不能用后队相救。何况这前后左右，远的相隔几十里，近的相隔也有好几里呢！

策之①而知得失之计，作②之而知动静之理③，形④之而知死生之地⑤，角⑥之而知有余不足之处。

（《孙子兵法·虚实篇》）

注释

①策之：策，筹算、策划。之，代指敌人。

②作：兴起，此指挑动。

③动静之理：敌人的活动规律。

④形：以假象示敌。

⑤死生之地：指敌人的优势所在或薄弱致命之处。

⑥角：较量，此指试探性的进攻。

译文

要认真筹划，以了解敌人作战计划的优劣得失；要有意地挑动敌人，以了解其活动的规律；要以假象示敌，来试探敌人的优势所在或薄弱致命之处；要通过试探性的进攻，来了解敌人兵力的虚实强弱。

不知诸侯之谋[①]者，不能豫[②]交。

（《孙子兵法·军争篇》）

〈注释〉

①谋：意图、图谋。

②豫：通“预”，参与。

〈译文〉

如果不知道诸侯国的政治意图，就不宜与其结交。

敌近而静[①]者，恃其险也；远而挑战者，欲人之进也；其所居易[②]者，利也。

（《孙子兵法·行军篇》）

〈注释〉

①静：镇静、不慌张。

②易：平坦开阔之地。

〈译文〉

敌人距我很近却能保持镇静，是因为有险要的地形可以倚仗；敌人距我很远却前来挑战，是企图诱我前进；敌人不居险要却驻扎在平地上，必定有有利之处。

众树动者，来[①]也；众草多障者，疑[②]

也。鸟起者,伏也;兽骇者,覆③也。

(《孙子兵法·行军篇》)

注释

①来:敌人前来。

②疑:使迷惑。

③覆:覆盖、倾覆,这里指铺天盖地。

译文

林中有树木在摇动,是有敌人前来;在杂草丛生的地方布置许多障碍,是敌人故布疑阵;上方有鸟雀突然飞起,是有敌人埋伏;野兽惊骇奔逃,是有敌人大举来袭。

辞卑而益①备者,进也;辞强而进驱者,退也。

(《孙子兵法·行军篇》)

注释

①益:增强、加强。

译文

敌人的来使言辞谦卑,而实际却在加紧备战,这是敌人准备进攻的前兆。敌人的来使言辞强硬,又摆出进攻的姿态,这是敌人准备撤退。

见利而不进者，劳也。

（《孙子兵法·行军篇》）

〈译文〉

敌军有利可图而不行动，是疲劳的表现。

鸟集者，虚也；夜呼者，恐也；军扰者，将不重①也；旌旗动者，乱也。

（《孙子兵法·行军篇》）

〈注释〉

①重：稳重，此指威严。

〈译文〉

敌营鸟雀群集，表明营中空虚无人。敌军夜间惊呼，表明敌人惊恐不安。敌营惊扰混乱，表明其将帅缺乏威严。敌营旗帜摇摆不定，表明敌人队伍已经混乱。

吏怒者，倦也。

（《孙子兵法·行军篇》）

〈译文〉

军吏动辄发怒，表明敌军疲倦不堪。

粟马肉食[1]，军无悬缻[2]，不返其舍者，穷寇也。

（《孙子兵法·行军篇》）

〈注释〉

①粟马肉食：用粮食喂马，以牲口肉为军食。

②缻：同“缶”，用以汲水的瓦罐，泛指炊具。

〈译文〉

用粮食喂马，杀牲口吃肉，收拾起炊具，军队不再返回营房，是处于穷途末路的敌人准备拼死突围。

谆谆翕翕[1]，徐与人言者，失众也。

（《孙子兵法·行军篇》）

〈注释〉

①谆(zhūn)谆翕(xī)翕：形容恳切执着、低声下气的样子。

〈译文〉

低声下气，温婉和顺地同士卒讲话，是失去军心的表现。

知彼知己，胜乃不殆[1]；知天知地，胜乃不穷[2]。

（《孙子兵法·地形篇》）

〈注释〉

①殆:危险,此指失败。

②穷:穷尽。

〈译文〉

既了解对方,也了解自己,每次打仗都不会有危险;既懂得利用天时,也懂得利用地利,克敌制胜就会永无穷尽。

怒可以复喜,愠可以复悦,亡国不可以复存,死者不可以复生。

(《孙子兵法·火攻篇》)

〈译文〉

愤怒可以转变为欢喜,愤懑可以转变为高兴,可是国家灭亡了却不能复存,将士阵亡了也不能复生。

相守[①]数年,以争一日之胜,而爱[②]爵禄百金,不知敌之情者,不仁之至也,非人之将也,非主之佐也,非胜之主[③]也。

(《孙子兵法·用间篇》)

〈注释〉

①相守:相持、对峙。

②爱:吝惜。

③主:主宰者。

译文

敌我双方相持数年,就是为了夺取最后一天的胜利,如果因为吝惜爵位和俸禄而不用间谍人员,以至于因为不能掌握敌情而导致失败,那就是不仁慈到极点了。这种人不是保护百姓利益的将领,也不是国君的有力辅佐,更不可能是胜利的主宰者。

明君贤将,所以动而胜人,成功出于众者,先知[1]也。

(《孙子兵法·用间篇》)

注释

①先知:预先了解敌情。

译文

英明的君主和贤能的将帅,之所以一举兵就能战胜敌人,成就超出一般人,就在于能够预先了解敌情。

先知者,不可取于鬼神[1],不可象于事[2],不可验于度[3],必取于人,知敌之情者也。

(《孙子兵法·用间篇》)

注释

①鬼神:占卜、祭祀鬼神、祈祷等迷信方式。

②象于事:以相似的事情作类比推测。

③验于度:验算日月星辰的位置去判断敌情。验,验算、验证。度,度数,此指日月星辰运行的位置。

译文

要想预先了解敌情,不能通过求神问鬼的方式来获取,也不能以相似的事情作类比推测,也不能通过验算日月星辰运行的位置去判断敌情,只能取之于人,从了解敌人情况的人那里去了解。

用间有五:有因间[①],有内间[②],有反间[③],有死间[④],有生间[⑤]。

(《孙子兵法·用间篇》)

注释

①因间:利用敌国的乡野之民作间谍。因,凭借、根据,此指利用。

②内间:利用敌国的官吏为间谍。

③反间:利用或收买敌方间谍为我所用。

④死间:是指制造散布假情报,通过我方间谍将假情报传给敌间,诱使敌人上当,一旦事情败露,我间难免一死。

⑤生间:在敌方了解到情况并能活着回来报告的人。

〈译文〉

使用间谍有五种:有因间,有内间,有反间,有死间,有生间。

五间俱起,莫知其道,是为神纪[1],人君之宝也。

(《孙子兵法·用间篇》)

〈注释〉

①神纪:神妙莫测之道。纪,方法、道理。

〈译文〉

五种间谍同时使用起来,使敌人无法捉摸我方用间的规律,这就是使用间谍的神秘莫测的方法,也是国君克敌制胜的法宝。

三军之事,莫亲于间,赏莫厚于间,事莫密于间。

(《孙子兵法·用间篇》)

〈译文〉

全军上下没有比间谍更亲信的,军中的赏赐没有比间

谍更优厚的,军中事务没有比间谍更机密的。

非圣智不能用间,非仁义不能使间,非微妙[1]不能得间之实[2]。

(《孙子兵法·用间篇》)

注释

①微妙:用心精细。

②实:实情。

译文

不是聪明睿智之人,不能使用间谍;不具备仁义的德行,不足以驱使间谍;不是用心精密,就不能从间谍那里得到准确真实的情报。

必索敌人之间来间我者,因而利之[1],导而舍之[2],故反间可得而用也。

(《孙子兵法·用间篇》)

注释

①因而利之:根据情况利诱收买他。

②导而舍之:对敌间加以诱导,然后放其回去。导,诱导、引导。舍,释放。

〈译文〉

必须搜查出敌方派来侦察我方军情的间谍，根据情况利诱收买他，引诱开导他，然后放他回去。这样，反间就可以为我所用了。

五间之事，主必知之，知之必在于反间，故反间不可不厚[①]也。

(《孙子兵法·用间篇》)

〈注释〉

①厚：厚待。

〈译文〉

五种间谍的运用，国君都必须懂得，其中的关键在于会用反间。所以，对反间不可不给予优厚的待遇。

故惟明君贤将，能以上智[①]为间者，必成大功。

(《孙子兵法·用间篇》)

〈注释〉

①上智：智慧超群之人。

译文

所以只有明智的国君、贤明的将帅,能够任用智慧超群之人作为间谍,必定能成就大功。

兵,利也,非好也。兵,□[也],非戏也。

（银雀山汉墓竹简《孙子》佚文《见吴王》）

译文

战争,是关系到国家利益的大事,不是好玩的事情。战争,是……不可以当作儿戏。

公家①富,置士②多,主骄臣奢,冀③功数战④,故曰先[亡]。

（银雀山汉墓竹简《孙子》佚文《吴问》）

注释

①公家:诸侯王室。

②置士:设置军队。

③冀:希望,企盼。

④数战:屡战。泛指连年征战。

译文

诸侯王室财用富足，又可以征调大量的军队，势必造成国君骄横，官吏腐败，以致贪功求名，穷兵黩武，所以说会先灭亡。

孙子语录

战略篇

概述

战略是事关战争全局的计划和策略。孙子对战争提出了许多具有全局意义的战略指导原则。孙子提倡，“先为不可胜，以待敌之可胜”，在交战前就应做好战争准备，创造获胜的条件，这样交战时才能胜券在握。在对敌策略上，他主张以智谋取胜，推崇“不战而屈人之兵”的理想作战境界，提倡“伐谋”“伐交”的谋攻方式，反对“伐兵”“攻城”，认为这是不得已而为之的做法。他明确指出，“兵非多益”，用兵不是人数越多越好，能够做到“并力、料敌、取人”即可，如果单纯依靠兵多而冒进，则容易招致失败。他提倡，在作战过程中，要做到“治人而不治于人”，调动敌人而不被敌人调动，时刻掌握战争的主动权；用兵打仗要速战速决，切勿打持久消耗战；在进攻方向上，要避实击虚；发动进攻时，行动要迅疾，以达到攻其不备、出其不意的作战效果；用兵方法一定要灵活，要“践墨随敌”，因敌制胜。孙子还特别强调，在战争取得胜利后，要“修其功”，以巩固胜利成果，防止“费留”局面的出现。

其用战也胜，久则钝兵挫锐①，攻城则力屈②，久暴③师则国用不足。

(《孙子兵法·作战篇》)

〈注释〉

①钝兵挫锐:钝，疲惫、困乏。挫，挫伤。锐，锐气。

②力屈(jué):兵力耗尽。屈，竭尽、耗尽。

③暴(pù):同“曝”，暴露。

〈译文〉

兴师作战贵在速胜，战事拖久了，军队就会疲惫，锐气就会受挫，攻城就会使兵力耗尽。长时间用兵在外，就会导致国家财用不足。

夫钝兵挫锐，屈力殚货①，则诸侯乘其弊②而起，虽有智者，不能善其后矣。

(《孙子兵法·作战篇》)

〈注释〉

①屈(jué)力殚(dān)货:兵力耗尽，财力枯竭。屈，穷尽、竭尽。殚，枯竭。货，财货、物资。

②弊:弊病、危机，此指“钝兵挫锐，屈力殚货”的情况。

译文

如果军队疲惫，锐气挫伤，兵力耗尽，财力枯竭，其他诸侯国就会乘此危机前来进攻，即使有才智超群的人，也无法挽回危局。

兵闻拙[1]速，未睹巧之久也。

（《孙子兵法·作战篇》）

注释

①拙：笨拙，此处意为不要刻意求巧。

译文

用兵作战，只听说指挥即使笨拙，也要求速胜，没有见过为了追求指挥的巧妙而要求持久的。

夫兵久而国利者，未之有也。

（《孙子兵法·作战篇》）

译文

战事拖延不决而对国家有利的情形，从来不曾有过。

兵贵胜[1]，不贵久。

（《孙子兵法·作战篇》）

注释

①胜:速胜。

译文

用兵打仗贵在速战速决,不宜旷日持久。

凡用兵之法,全国[1]为上,破[2]国次之;全军[3]为上,破军次之;全旅为上,破旅次之;全卒为上,破卒次之;全伍为上,破伍次之。

(《孙子兵法 · 谋攻篇》)

注释

①全国:全,完整、全部,此处为使动用法。国,指国都,古人一般以国都代指整个国家。

②破:与“全”相对,攻破、击破。

③军:与下文中的旅、卒、伍均为古代军队的编制单位。据《周礼 · 地官 · 小司徒》载,我国古代军队“五人为伍,五伍为两,四两为卒,五卒为旅,五旅为师,五师为军”。春秋时期,各诸侯国发展情况不同,军队编制也不尽相同。

译文

用兵打仗的准则是,能使敌人举国降服为上策,击破

后战胜敌国就差一等;能使敌人整军降服为上策,击破后战胜敌人全军就差一等;能使敌人整旅降服为上策,击破后战胜敌人全旅就差一等;能使敌人整卒降服为上策,击破后战胜敌人全卒就差一等;能使敌人整伍降服为上策,击破后战胜敌人全伍就差一等。

百战百胜,非善①之善者也;不战而屈②人之兵,善之善者也。

(《孙子兵法·谋攻篇》)

注释

①善:好、高明。

②屈:屈服、降服,此处为使动用法。

译文

百战百胜并不是高明中最高明的,不经过交战就能使敌人屈服,才算是高明中最高明的。

故上兵伐谋①,其次伐交②,其次伐兵③,其下攻城。

(《孙子兵法·谋攻篇》)

注释

①上兵伐谋:上兵,用兵的上策。伐谋,挫败敌人的战略企图

或计划，使敌人意志沮丧。

②伐交：破坏敌人的外交，使之屈服。

③伐兵：通过交战双方军队在战场上的交锋一决胜负。

〈译文〉

用兵的最上策是挫败敌人的战略企图或计划，使敌人屈服；其次是破坏敌人的外交，使之屈服；再次是通过双方军队在战场上的交锋一决胜负；最下策是通过攻取敌人的城池而战胜敌人。

善用兵者，屈人之兵而非战①也，拔人之城而非攻②也，毁人之国而非久③也，必以全争于天下，故兵不顿④而利可全，此谋攻之法也。

（《孙子兵法 · 谋攻篇》）

〈注释〉

①非战：不用交战的方式取胜。

②非攻：不用硬攻的方式取胜。

③非久：不会旷日持久。

④顿：通“钝”，疲惫、受挫。

〈译文〉

善于用兵打仗的人，使敌人降服不用直接交战，夺取

敌人的城池不靠硬攻，毁灭敌人的国家不靠持久战，一定要用全胜的战略争胜于天下，这样既不用过多地消耗己方兵力，而自己的利益又可以得到保全，这就是运用智谋战胜敌人的方法。

昔①之善战者，先为②不可胜③，以待④敌之可胜⑤。

（《孙子兵法·形篇》）

注释

①昔：以往、从前。

②为：创造、造就。

③不可胜：自己不致被敌人战胜的条件，即所谓“立于不败之地”。

④待：等待、寻找。

⑤可胜：可以战胜敌人的时机。

译文

从前善于用兵打仗的人，总是先创造有利形势，使自己不致被敌人战胜，然后再等待时机战胜敌人。

不可胜在己，可胜在敌。

（《孙子兵法·形篇》）

译文

创造不被敌人战胜的条件在于自己主观的努力，能够战胜敌人则在于敌人有隙可乘。

善战者，能为不可胜，不能使敌之可胜。

（《孙子兵法·形篇》）

译文

真正善于打仗的人，能够创造不被敌人战胜的条件，却不能做到敌人一定被我战胜。

胜可知[1]，而不可为[2]。

（《孙子兵法·形篇》）

注释

①知：预见。

②为：作为，此指人为创造。

译文

胜利可以预见，却不能强求。

见胜[1]不过众人之所知，非善之善者

也;战胜而天下曰善,非善之善者也。

(《孙子兵法·形篇》)

〈注释〉

①见胜:预见到胜利。见,预见。

〈译文〉

如果对胜利的预见没有超过一般人的见识,不算高明中最高明的。打败敌人而普天下都说好,也不算是高明中最高明的。

古之所谓善战者,胜于易胜者[①]也。

(《孙子兵法·形篇》)

〈注释〉

①易胜者:容易取胜的敌人,此指已经暴露出弱点的敌人。

〈译文〉

古代善于用兵作战的人,总是战胜容易被战胜的敌人。

善战者之胜也,无智名,无勇功。

(《孙子兵法·形篇》)

〈译文〉

善于用兵作战的人取得胜利,既不显示出智慧的名声,也看不出勇武的战功。

善战者,立于不败之地,而不失敌之败也。

(《孙子兵法·形篇》)

〈译文〉

善于用兵作战的人,总是先确保自己立于不败之地,并且同时也不放过战胜敌人的机会。

胜兵先胜①而后求战,败兵②先战而后求胜。

(《孙子兵法·形篇》)

〈注释〉

①胜兵先胜:胜兵,取胜的军队。先胜,先创造取胜的条件。

②败兵:打败仗的军队。

〈译文〉

能够取胜的军队,总是先创造取胜的条件,然后才去同敌人交战;打败仗的军队总是先贸然同敌人交战,然后

企求侥幸获胜。

善用兵者,修道而保法①,故能为胜败之政②。

(《孙子兵法·形篇》)

注释

①修道而保法:修明政治并确保法制的施行。道,政治条件。法,法度、法制。

②为胜败之政:掌握胜败的决定权。政,主宰、决定。

译文

善于用兵的人,能够修明政治并确保法制的施行,所以能掌握胜败的决定权。

凡先处①战地而待敌者佚②,后处战地而趋战③者劳。故善战者,致④人而不致于人。

(《孙子兵法·虚实篇》)

注释

①处:占据、占领。

②佚:通"逸",安逸、从容。

③趋战:仓促应战。趋,疾行、奔赴,此指仓促、猝然。

④致:招致、引来,此意为调动。

译文

先到达战地而等待敌人的,就占据从容主动的地位,后到达战地而仓促应战的,就疲劳被动。所以善于指挥作战的将领,总是设法调动敌人而不为敌人所调动。

我欲战,敌虽高垒深沟,不得不与我战者,攻其所必救[①]也;我不欲战,画地而守之[②],敌不得与我战者,乖其所之也[③]。

(《孙子兵法·虚实篇》)

注释

①必救:必定救援之处,喻指利害攸关之处。

②画地而守之:画,界限,指排兵布阵时所划出的界限。意思是,随便在地上划出一道界限就可以防守,而不必筑垒设防,比喻防守十分容易。

③乖其所之也:调动敌人,将其引向他处。乖,违背、相反。之,往、去。

译文

我军要交战,敌人就算垒高墙挖深沟,也不得不出来与我军交战,是因为我军攻击了敌人非救不可的要害之处;我军不想与敌军交战,虽然只是在地上划出界限权作

防守，敌人也无法与我军交战，因为我已诱使敌人改变了进攻的方向，将其引向他处。

胜可为①也。

（《孙子兵法·虚实篇》）

〈注释〉

①为：创造、争取。

〈译文〉

胜利是可以积极争取的。

敌虽众，可使无斗。

（《孙子兵法·虚实篇》）

〈译文〉

敌人人数虽多，但可以使其无法与我较量。

夫兵形①象水，水之形，避高而趋下；兵之形，避实而击虚。

（《孙子兵法·虚实篇》）

〈注释〉

①兵形：用兵的方法或规律。

〈译文〉

用兵的规律有如水的运动规律,水流动的规律是避开高处,流向低洼之处;用兵的规律是避开敌人的坚实之处,攻打敌人的虚弱之处。

水因地而制[1]流,兵因敌而制胜。

(《孙子兵法 · 虚实篇》)

〈注释〉

①制:制约、决定。

〈译文〉

水因地形的高低而决定其流向,用兵要顺应敌情的变化来克敌制胜。

故兵无常势,水无常形,能因敌变化而取胜者,谓之神[1]。

(《孙子兵法 · 虚实篇》)

〈注释〉

①神:神奇、神妙,此指用兵如神。

〈译文〉

用兵打仗没有固定不变的模式,就像水没有一成不变

的形态。能够根据敌情的变化灵活用兵而取胜，就可以称得上用兵如神了。

五行[①]无常胜，四时无常位，日有短长，月有死生[②]。

（《孙子兵法·虚实篇》）

〈注释〉

①五行：金、木、水、火、土，古人认为它们是构成万物的基本要素，并认为它们之间存在相生相克的关系。

②死生：此指月相变化中的既死霸、既生霸。古代把一个月分为四段：初吉、既生霸、既望、既死霸。“既死霸”，是指自二十三日以后至晦日的一段时间，月亮逐渐变小变暗；“既生霸”，自八九日以降至十四五日，月亮逐渐变大变亮。

〈译文〉

五行中没有哪一种物质处于常胜的地位，春夏秋冬迁移更替没有固定不变的位置，白昼随着季节的变化有长有短，月亮因循环往复而有缺有圆。

悬权[①]而动。

（《孙子兵法·军争篇》）

〈注释〉

①悬权：悬，悬挂。权，原意是秤砣，这里指权衡、衡量利害关系。

〈译文〉

权衡利害得失,灵活采取行动。

途有所不由[1],军有所不击,城有所不攻,地有所不争,君命有所不受。

(《孙子兵法·九变篇》)

〈注释〉

①由:经过。

〈译文〉

有的道路不能走,有的敌军可以不打,有的城邑可以不攻,有的地方可以不去争夺,国君的命令如果不利于战事,也可以不接受。

用兵之法,无恃[1]其不来,恃吾有以待也;无恃其不攻,恃吾有所不可攻也。

(《孙子兵法·九变篇》)

〈注释〉

①恃:依赖、倚仗。

〈译文〉

用兵的原则是,不要寄希望于敌人不来,要依靠自己做好了充足的准备以待敌；不要寄希望于敌人不会进攻，要依靠自己有充分的力量使敌人无法攻破。

兵非益多也，惟[1]无武进[2]，足以并力[3]、料敌[4]、取人[5]而已。

（《孙子兵法·行军篇》）

注释

①惟：只是、只要。

②武进：恃勇冒进。

③并力：集中兵力。

④料敌：对敌情做出判断。料，预料、判断。

⑤取人：争取人心、善于用人。

译文

用兵作战，并不重在兵力的众多，只要不恃勇冒进，同时能做到集中兵力、准确地判断敌情、取得部下的信任和支持就行了。

先夺其所爱[1]，则听[2]矣。

（《孙子兵法·九地篇》）

注释

①爱：珍爱，此指要害、关键。

②听:顺从。

译文

先攻取敌人的要害,敌人就会听从我的摆布了。

兵之情主速[1],乘人之不及,由不虞[2]之道,攻其所不戒[3]也。

(《孙子兵法·九地篇》)

注释

①兵之情主速:用兵的关键在于迅速。情,情理,此指关键、要诀。主,重在。

②不虞:料想不到。

③戒:戒备、防备。

译文

用兵的关键在于行动迅速,乘敌人猝不及防的时候发动攻击,走敌人料想不到的道路,攻打敌人没有设防的地方。

谨养[1]而勿劳,并[2]气积[3]力,运兵计谋,为不可测。

(《孙子兵法·九地篇》)

注释

①谨养:谨,谨慎、注意。养,休整、保养。

②并:合并,这里指集中、保持的意思。

③积:积蓄。

译文

要注意休整部队,使之不要过于疲劳,保持士气,积蓄战斗力量,部署兵力,巧用计谋,使敌人无法预测我军的作战意图。

夫霸王[①]之兵,伐大国,则其众不得聚;威加于敌,则其交不得合[②]。

(《孙子兵法·九地篇》)

注释

①霸王:即霸主,春秋时期称霸诸侯的强大国家。

②合:会合。此指与其他诸侯国结成同盟关系。

译文

霸主的军队,进攻敌对大国,能使敌国军民来不及调动和集结;将强大的兵威加之于敌人,能使其无法与各诸侯国结交。

不争天下之交，不养天下之权[①]，信己之私[②]，威加于敌，故其城可拔，其国可隳[③]。

（《孙子兵法·九地篇》）

注释

①不养天下之权：不必在其他国家培植自己的权势。养，培养、培植。

②信己之私：伸展自己的意图。信，通“伸”，伸展。私，自己的意图、意志。

③隳（huī）：毁坏、摧毁。

译文

不用争着和其他诸侯国结交，不必在其他国家培植自己的权势，只要伸展自己的战略意图，用强大的力量威慑敌人，就可以攻克敌人的城池，摧毁敌人的国都。

故为兵之事，在于顺详敌之意[①]，并敌一向[②]，千里杀将，此谓巧能成事者也。

（《孙子兵法·九地篇》）

注释

①顺详敌之意：谨慎考察敌人的意图。顺，通“慎”，谨慎。

详，审察、考察。

②并敌一向：集中兵力攻击敌人的一个主要方向。

〈译文〉

指挥作战要谨慎考察敌人的意图，然后集中兵力进攻敌人的一个主要方向，这样即使奔袭千里，也可以擒杀敌将，这就是所谓的以巧妙的手段成就大事。

践墨[①]随敌，以决战事。

（《孙子兵法·九地篇》）

〈注释〉

①践墨：践，践履、实践。墨，木匠画直线时用的墨线、墨绳，引申为准则、法度。

〈译文〉

在实施既定的作战计划时，要根据敌情的变化及时修正自己的作战计划，以求得决定性胜利。

夫战胜攻取，而不修其功[①]者，凶[②]，命曰费留[③]。

（《孙子兵法·火攻篇》）

〈注释〉

①修其功：巩固胜利成果。

②凶:危险。

③费留:费,耗费资财。留,滞留不归。

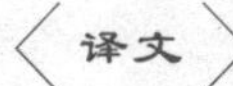

译文

打了胜仗,攻取了敌人的城池土地,但是无法巩固胜利成果的,就会有祸患,这种情况就叫作财耗师老的“费留”。

孙子语录

战术篇

概述

战术是具体战斗中使用的方法、策略。孙子不仅有博大精深的战略思想，其战术思想也十分丰富。孙子认为，战争的本质乃是一种“诡道”，在战争中可以用诡诈之法欺敌误敌，使敌人产生错觉和失误，从而达到败敌的目的，为此他提出了“诡道十二法”。孙子提倡，在交战过程中，兵力运用上要做到“我专而敌分”，即集中我方兵力而设法分散敌人兵力；要善于运用奇正之术，“以正合，以奇胜”；要处理好攻、守之间的关系，根据敌我双方的实力对比，决定是攻还是守。孙子认为，同敌人交战不一定非得在双方正面对抗的情况下战胜对手，还可以通过“治气”“治力”“治心”“治变”等方式削弱对方的士气、动摇敌将作战的决心，以此实现打击敌人的目的。孙子还强调，用兵作战要善于造“势”，“势”要造得险，进攻的节奏要短促，才能给敌人以致命的打击。他还总结了用兵时需要注意的一些戒律，比如“高陵勿向，背丘勿逆，佯北勿从，锐卒勿攻，饵兵勿食，归师勿遏，围师必阙，穷寇勿迫”，即通常所说的“用兵八戒”。此外，他还提出了一些特殊的战斗方法，比如火攻胜敌等。

势者，因利而制权[①]也。

（《孙子兵法·计篇》）

〈注释〉

①权：本义是秤锤，此指权变、灵活处置。

〈译文〉

所谓"势"，就是根据利害得失，采取灵活的对策。

能[①]而示[②]之不能，用[③]而示之不用，近而示之远，远而示之近。利[④]而诱之，乱而取之，实而备之，强而避之，怒而挠[⑤]之，卑而骄之，佚[⑥]而劳之，亲而离之。

（《孙子兵法·计篇》）

〈注释〉

①能：有能力、能够。

②示：显示、假装。

③用：用兵、行动。

④利：动词，贪利。

⑤挠：挑逗、扰乱。

⑥佚：通"逸"，安逸。

〈译文〉

有能力进攻或防守却装作没有能力，实际要用兵却装作不想用兵防，实际要进攻近处却装作要进攻远处，实际要进攻远处却装作要进攻近处。敌人贪利，就用小利去引诱他。敌人混乱，就趁机攻取他。敌人实力雄厚，就要加强防备。敌人强盛，就暂时避开他的锋芒。敌人暴躁易怒，就设法激怒他。敌人卑怯谨慎，就设法使之骄纵。敌人安逸，就设法使之疲劳。敌人内部团结，就设法离间分化他们。

兵者，诡[①]道也。

（《孙子兵法·计篇》）

〈注释〉

①诡：诡诈、谲变。

〈译文〉

用兵打仗是一种诡诈的行为。

攻其无备，出其不意。

（《孙子兵法·计篇》）

〈译文〉

攻击敌人没有防备之处，在敌人意料不到时才去

行动。

杀敌者,怒[①]也;取敌之利者,货[②]也。

(《孙子兵法·作战篇》)

〈注释〉

①怒:愤怒,此指士气。

②货:财货,此指用财货进行奖赏。

〈译文〉

要使军队奋勇杀敌,就必须激励军队的士气;要让军队夺敌资财,就必须先用财货去奖赏士卒。

用兵之法,十则围之,五则攻之,倍则分之[①],敌[②]则能战之,少则能逃之,不若[③]则能避之。

(《孙子兵法·谋攻篇》)

〈注释〉

①倍则分之:有两倍于敌人的兵力就设法分散他。倍,加倍。分,分散。

②敌:匹敌、势均力敌。

③不若:不如。

〈译文〉

用兵打仗的原则是,有十倍于敌人的兵力就包围他,有五倍于敌人的兵力就进攻他,有两倍于敌人的兵力就设法分散他,双方兵力相等就伺机与之交战,兵力少于敌人就要暂时退却,实际力量弱于敌人就要避免与敌人交战。

小敌①之坚②,大敌之擒③也。

(《孙子兵法·谋攻篇》)

〈注释〉

①小敌:力量弱小的军队。

②坚:固执、坚持,此指死守硬拼。

③擒:捉拿,此处指俘虏。

〈译文〉

力量弱小的军队如果只知道坚守硬拼,就会成为强大敌人的俘虏。

不可胜者,守也;可胜者,攻也。

(《孙子兵法·形篇》)

〈译文〉

若要不被敌人战胜,必须先要做好防守工作;要想战

胜敌人,就要采取进攻。

守[①]则不足[②],攻则有余[③]。

(《孙子兵法·形篇》)

注释

①守:守卫、防御。

②不足:兵力有限。

③有余:兵力充足。

译文

实行防御,是因为兵力不足;实施进攻,是因为兵力有余。

善守者,藏于九地[①]之下。善攻者,动于九天[②]之上。故能自保而全胜也。

(《孙子兵法·形篇》)

注释

①九地:极深的地下。九,虚数,常用来表示数的极点。

②九天:极高的天上。

译文

善于防守的人,能巧妙地隐藏军队的行动意图,好比

藏物于极深的地下，使敌人难测虚实。善于进攻的人，行动迅速，好比降临自高不可及的天空，使敌人猝不及防。这样既能保全自己，又能取得完全的胜利。

胜兵若以镒称铢①，败兵若以铢称镒。

（《孙子兵法·形篇》）

〈注释〉

①以镒(yì)称铢(zhū)：镒、铢均为古代的重量单位。一镒等于二十四两(一说二十两)，一两等于二十四铢。按此换算，铢和镒的重量之比是1∶576，轻重悬殊。这里用来比喻双方力量相差悬殊。

〈译文〉

胜利的军队较之于失败的军队，就好像用镒去称量铢一样占有绝对的优势；失败的军队较之于胜利的军队，就好像用铢去称量镒一样处于绝对的劣势。

胜者之战民①也，若决积水于千仞②之溪者，形③也。

（《孙子兵法·形篇》）

〈注释〉

①战民：即“使民战”，指挥士卒作战。民，此指士卒。

②千仞(rèn):非确数,形容极高。

③形:形状、形态,此指军事实力。

〈译文〉

胜利者指挥士卒作战,就好像在万丈悬崖决开山涧的积水一样,势不可当,这就是军事实力的“形”。

三军之众,可使必[1]受敌而无败者,奇正[2]是也。

(《孙子兵法·势篇》)

〈注释〉

①必:即便、一旦。

②奇正:古代兵法中的常用术语,是就战争中兵力的部署和战术的变换而言,其内涵十分丰富。一般来说,在兵力的使用上,担任警戒、守备的军队为正,机动、突击的为奇;在作战方式上,正面迎敌的为正,迂回、侧击、暗袭敌人的为奇;按照一般原则作战的为正,采取特殊战法的为奇。

〈译文〉

整个部队即便受到敌人的攻击也不致失败,靠的是对“奇正”战术的灵活运用。

兵之所加,如以碫[1]投卵者,虚实[2]

是也。

(《孙子兵法·势篇》)

注释

①碫(duàn):磨刀石,泛指石头。

②虚实:古代兵法中的常用术语,一般实力所在为"实",反之为"虚",有备为"实",无备为"虚"。

译文

军队进攻敌人,如同以石击卵,是因为能够做到避开敌人兵力集中的地方,而攻击敌人实力薄弱之处。

凡战者,以正合①,以奇胜。

(《孙子兵法·势篇》)

注释

①以正合:用常规部队去正面抵挡敌人。合,交战。

译文

大凡作战,都是以常规部队去抵御敌人,以奇兵取胜。

善出奇者,无穷如天地,不竭如江河。

(《孙子兵法·势篇》)

〈译文〉

善于出奇制胜的将领，其战法就好像天地那样变化无穷，像江河那样奔流不息。

战势[1]不过奇正，奇正之变，不可胜穷也。

（《孙子兵法·势篇》）

〈注释〉

①战势：作战的形式。

〈译文〉

作战的形式不外乎“奇”“正”两种，但“奇”“正”的变化却是无穷无尽的。

奇正相生，如循[1]环之无端，孰能穷之？

（《孙子兵法·势篇》）

〈注释〉

①循：顺着、沿着。

〈译文〉

“奇”“正”之间的互相转化，就像顺着圆环旋转一样，无始无终,谁能穷尽它呢?

激水[①]之疾[②],至于漂石者,势[③]也;鸷鸟[④]之疾,至于毁折[⑤]者,节[⑥]也。

(《孙子兵法·势篇》)

注释

①激水:湍急的流水。

②疾:快、迅速。

③势:态势、气势。势,此处指军事力量在战争中的运用和发挥,是迫使敌人处于被动地位的一种威慑力量。

④鸷鸟:鹰、雕之类凶猛的禽鸟。

⑤毁折:折物,指猛禽捕杀鸟雀。

⑥节:节奏。在军事上表现为发起进攻的接敌距离。短近的接敌距离可以造成急促的进攻节奏,锐不可当。

译文

湍急的流水飞速奔泻,以至于能漂移石块,靠的是流速迅疾所形成的强大的“势”;猛禽迅飞猛扑,以至于能捕杀鸟雀,靠的是迅猛短促的进攻节奏。

善战者,其势险,其节[①]短。势如彍弩[②],节如发机[③]。

(《孙子兵法·势篇》)

〈注释〉

①节：节奏。

②彍(guō)弩：彍，把弓拉满。弩，一种用机械力量射箭的弓。

③发机：引发弩机的机钮，将弩箭突然射出。

〈译文〉

善于用兵的将帅，他所造成的态势是险峻的，攻击的节奏是短促的。险峻的态势好比张满的弓弩，短促的节奏好比引发弩机的机钮，将弩箭瞬间射出。

善战者，求之于势，不责于人①，故能择人而任势②。

（《孙子兵法·势篇》）

〈注释〉

①不责于人：不去苛求下属。责，苛求。

②择人而任势：择，"释"的假借，训为"舍"。此句意为能够放弃人而依赖"势"。

〈译文〉

善于指挥作战的将领，依靠的是有利的作战态势，而不是去苛求下属，所以能够放弃人而依赖"势"。

善战人之势，如转圆石于千仞之山者，势也。

（《孙子兵法·势篇》）

〈译文〉

善于指挥作战的将领所造成的态势，就像把圆石从千仞高山上滚下来，势不可当，这就是军事上所谓的“势”。

出①其所不趋②，趋其所不意③。

（《孙子兵法·虚实篇》）

〈注释〉

①出：出兵。

②不趋：无法救援的地方。

③不意：意料不到的地方。

〈译文〉

出兵要指向敌人无法救援的地方，行动要转向敌人意料不到的方向。

攻而必取者，攻其所不守也；守而必固者，守其所必攻也。

（《孙子兵法·虚实篇》）

译文

进攻而必然能取胜，是由于进攻的是敌人疏于防守的地方；防守而必然很牢固，是由于防守的是敌人必然进攻的地方。

善攻者，敌不知其所守；善守者，敌不知其所攻。

（《孙子兵法·虚实篇》）

译文

善于进攻的，能够使敌人不知道该如何防守；善于防御的，能够使敌人不知道该怎么进攻。

进而不可御者，冲其虚①也；退而不可追者，速②而不可及③也。

（《孙子兵法·虚实篇》）

注释

①冲其虚：冲，攻击、袭击。虚，空虚薄弱之处。

②速：迅速。

③及：追上。

译文

进攻而使敌人无法抵御，那是因为进攻的是敌人防守

空虚的地方；撤退而使敌人无法追击，那是因为撤退迅速，敌人追赶不及。

形人而我无形[1]，则我专[2]而敌分[3]

（《孙子兵法·虚实篇》）

〈注释〉

①形人而我无形：形，第一个“形”是动词，使之暴露、显露；第二个“形”是名词，形迹。

②专：集中。

③分：分散。

〈译文〉

要使敌人暴露实情而我方不显露形迹，这样，我方兵力就可以集中，而敌人兵力却不得不分散。

我专为一，敌分为十，是以十攻其一也，则我众而敌寡。能以众击寡者，则吾之所与战者约[1]矣。

（《孙子兵法·虚实篇》）

〈注释〉

①约：少、寡。

〈译文〉

我军兵力集中在一处,而敌人兵力分散在十处,我就是以十倍于敌的兵力去攻击敌人。这样,在局部战场上就会出现我众敌寡的态势。在这种态势下,与我军作战的敌人就很有限了。

吾所与战之地不可知,不可知,则敌所备者多。敌所备者多,则吾所与战者寡矣。故备前则后寡,备后则前寡,备左则右寡,备右则左寡。无所不备,则无所不寡。寡者,备人者也;众者,使人备己者也。

(《孙子兵法·虚实篇》)

〈译文〉

敌军不知道我军所预定的战场在哪里,就会处处分兵防备。设防的地方越多,能够与我军直接交战的敌军就越少。所以防备前面,则后面兵力不足;防备后面,则前面兵力不足;防备左方,则右方兵力不足;防备右方,则左方兵力不足。所有的地方都设防,则所有的地方都兵力不足。兵力不足,是因为分兵处处去防备;兵力充足,是由于迫使敌人分兵处处防备。

形兵[①]之极，至于无形；无形，则深间[②]不能窥[③]，智者不能谋。

（《孙子兵法·虚实篇》）

注释

①形兵：军队部署过程中的伪装佯动。

②深间：隐藏得很深的间谍。

③窥：刺探、暗查。

译文

伪装佯动的最高境界是使人看不出一点形迹。到了这种境界，即使隐藏很深的间谍也不能窥探到我军的底细，智慧高超的敌人也想不出对付我军的办法。

因形而错胜于众[①]，众不能知。人皆知我所以胜之形[②]，而莫知吾所以制胜之形。故其战胜不复[③]，而应形于无穷[④]。

（《孙子兵法·虚实篇》）

注释

①错胜于众：将胜利置于众人面前。错，同“措”，放置、安置。

②形：形态、形状，此指作战的方式、方法。

③战胜不复：取胜的方法不重复。

④应形于无穷：根据敌情的发展，变化无穷。应，适应。形，此处特指敌情。

〈译文〉

根据敌情灵活变化战法，即使将胜利置于人们面前，人们往往还不知道我究竟是如何取胜的。人们只知道我战胜敌人的方法，却不知道我是怎样灵活运用这些方法的。所以，每一次取胜都不会重复旧的作战方法，而是根据各种不同的情况，变化无穷。

是故卷甲[①]而趋，日夜不处[②]，倍道兼行，百里而争利，则擒三将军[③]，劲者先，疲者后，其法十一而至[④]；五十里而争利，则蹶[⑤]上将军，其法半至；三十里而争利，则三分之二至。

（《孙子兵法 · 军争篇》）

〈注释〉

①卷甲：脱下铠甲，轻装上阵。卷，卷起、收藏。

②日夜不处：昼夜不停。

③擒三将军：三军将领都被擒。古代军制分上、中、下三军或左、中、右三军。擒，被擒。

④其法十一而至：用这种方法，只有十分之一的人能按时到

达目的地。法,方法。十一,十分之一。

⑤蹶(jué):挫败。

〈译文〉

脱下铠甲,轻装前进,昼夜不停地急行军,奔跑百里去争利,那么三军的将领就可能会被敌俘虏,健壮的士兵先到战场,羸弱的士兵掉了队,结果只有十分之一的人马如期到达;行军五十里去争利,先头部队的主将就会受挫,只有一半的兵力如期到达;行军三十里去争利,只有三分之二的兵力如期到达。

先知迂直之计者胜。

(《孙子兵法·军争篇》)

〈译文〉

事先懂得以迂为直的道理的就会取得胜利。

三军可夺气①,将军可夺心②。

(《孙子兵法·军争篇》)

〈注释〉

①夺气:夺,打击、挫伤。气,士气。

②心:决心、意志。

译文

军队的士气可以使之受挫，将军的决心可以使之动摇。

朝[①]气锐[②]，昼气惰[③]，暮气归[④]。

（《孙子兵法·军争篇》）

注释

①朝：与下文的“昼”“暮”，本义分别是早晨、白天、傍晚，此指作战的开始、中间、末期三个阶段。

②锐：锋利，此指士气正盛。

③惰：懈怠、懒散。

④归：回来，此指士气衰竭。

译文

军队的士气，最初时比较旺盛，继而逐渐懈怠，最后完全衰竭。

善用兵者，避其锐气，击其惰归，此治[①]气者也。

（《孙子兵法·军争篇》）

注释

①治：掌握、利用。

〈译文〉

所以善于用兵的将帅,作战时要避开敌人初战时的锐气,待其锐气衰竭时再去攻击,这是运用军队士气变化进行作战的一般规律。

以治①待乱,以静待哗①,此治心者也。

(《孙子兵法·军争篇》)

〈注释〉

①治:严整、井然有序。

②哗:喧哗、躁动不安。

〈译文〉

以我方的严整对待敌人的混乱,以我方的镇静对待敌人的躁动,这是利用军队心理进行作战的一般法则。

以近待远,以佚待劳,以饱待饥,此治力者也。

(《孙子兵法·军争篇》)

〈译文〉

用接近战场的我军对付长途跋涉的敌人,用安逸从容的我军对付仓促疲劳的敌人,用粮饷充足的我军对付粮饷

不足的敌人,这是运用军队战斗力进行作战的一般方法。

无邀[1]正正[2]之旗,勿击堂堂之陈[3],此治变者也。

(《孙子兵法·军争篇》)

注释

①邀:阻截、迎击。

②正正:严整的样子。

③堂堂之陈:阵容强大、实力雄厚的敌人。陈,同"阵"。

译文

不要迎击旗帜整齐、部署得当的敌人,不要进攻阵容强大、实力雄厚的敌人,这是掌握临机应变、因敌制胜的一般方法。

用兵之法:高陵勿向[1],背[2]丘勿逆[3],佯北[4]勿从,锐卒勿攻,饵兵[5]勿食,归师勿遏[6],围师必阙[7],穷[8]寇勿迫[9]。此用兵之法也。

(《孙子兵法·军争篇》)

注释

①向:此指仰攻。

②背:背靠、依托。

③逆:迎击。

④佯北:佯,假装。北,败退。

⑤饵兵:饵,本义是钓鱼用的鱼食,引申为引人上钩的东西。这里“饵兵”不专指兵,泛指一切能引诱对方上当的东西。

⑥遏:阻止。

⑦阙:同“缺”,空隙、缺口。

⑧穷:走投无路。

⑨迫:逼迫、靠近。

译文

用兵打仗的法则是:不要仰攻已经占据高地的敌军,不要正面进攻背靠丘陵险阻的敌军,不要追击假装败退的敌军,不要进攻敌人的精锐部队,不要贪图敌人故意引诱我方上钩的小利,不要拦截退还母国途中的敌军,包围敌军作战时要留有缺口,不要逼迫已经处于绝境的敌人。

无约[1]而请和者,谋也。

(《孙子兵法·行军篇》)

注释

①约,约束,引申为困屈、窘迫。

译文

敌人尚未陷入困境,而来请和,其中必有阴谋。

半进半退者，诱也。

（《孙子兵法·行军篇》）

〈译文〉

敌军半进半退，可能是假装混乱来引诱我军。

战道[①]必胜，主[②]曰无战，必战可也；战道不胜，主曰必战，无战可也。

（《孙子兵法·地形篇》）

〈注释〉

①战道：战场的状况。

②主：国君。

〈译文〉

根据对战场状况的分析具备了必胜的把握，即使国君下令不要打，坚持去打也是可以的；根据对战争状况的分析没有必胜的把握，即使国君下令一定要打，不打也是可以的。

所谓古之善用兵者，能使敌人前后不相及，众寡不相恃[①]，贵贱[②]不相救，上下不相收[③]，卒离而不集，兵合而不齐。

（《孙子兵法·九地篇》）

注释

①恃:依靠、倚仗。

②贵贱:贵,指军官。贱,指士卒。

③收:收拢、聚合。

译文

从前善于指挥作战的人,能使敌人的军队前后不能相互策应,主力部队和小分队不能相互依靠协同,军官和士卒之间不能相互救应,上下之间失去联系,无法聚合,即使士卒集合起来,也不能齐心协力作战。

投[①]之无所往,死且不北[②]。死焉[③]不得,士人尽力。

(《孙子兵法·九地篇》)

注释

①投:投放、投置。

②北:败逃。

③焉:疑问代词,什么。

译文

把军队置于无路可走的境地,士卒宁可战死也不会败退。既然士卒肯拼死一战,又哪有不胜之理。在这种处境

里，全军上下就会齐心协力。

兵士甚陷[1]则不惧，无所往则固[2]，深入则拘[3]，不得已则斗。

（《孙子兵法 · 九地篇》）

注释

①甚陷：陷入非常危险的境地。

②固：稳固，这里指士气稳固。

③拘：束缚、约束，这里指凝聚。

译文

士卒深陷危险的境地，就不会恐惧；处于无路可走的境地，军心就会稳固；深入敌境，军心就会凝聚；迫不得已时，军队就会拼死作战。

投之无所往者，诸、刿之勇也[1]。

（《孙子兵法 · 九地篇》）

注释

①诸、刿之勇也：像专诸、曹刿一样英勇无畏。专诸，春秋时期吴国勇士，刺杀吴王僚，帮助公子光夺取王位，即吴王阖闾；曹刿，春秋时期鲁国勇士，鲁齐会盟时，持匕首胁迫齐桓公归还其侵夺鲁国的土地。

译文

把军队置于无路可走的境地，士兵就会变得像专诸、曹刿那样英勇无畏。

故善用兵者，譬如率然[①]；率然者，常山之蛇也。击其首则尾至，击其尾则首至，击其中则首尾俱至。

（《孙子兵法·九地篇》）

注释

①率然：常山地区的一种蛇。《神异经·西荒经》："西方山中有蛇，头尾差大，有色五彩。人、物触之者，中头则尾至，中尾则头至，中腰则头尾并至，名曰率然，会稽常山最多此蛇。"

译文

善于用兵的人，能使军队自我策应如同率然一样。率然，是生活在常山的一种蛇。打它的头部，尾巴就会来救应；打它的尾巴，头就会来救应，打它的中间，头和尾巴会一同来救。

易[①]其事，革[②]其谋，使人无识；易其居，迂其途，使人不得虑。

(《孙子兵法·九地篇》)

〈注释〉

①易:改变。

②革:变更、撤除。

〈译文〉

改变所行之事,变更所设之谋,使人们无法识破。改变驻防的地点,迂回行军的路线,使人们无法推断行动意图。

帅与之期[①],如登高而去其梯;帅与之深入诸侯之地,而发其机[②]。

(《孙子兵法·九地篇》)

〈注释〉

①与之期:与部队约定赴战,即向部下下达作战命令。

②机:弩机。

〈译文〉

将帅向部下下达作战命令,如同登高而抽取梯子一样,使部下有进无退。将帅率军队深入敌境,就像击发弩机射出的箭一样,迅速而一往无前。

犯之[1]以事，勿告以言[2]；犯之以害，勿告以利[3]。

（《孙子兵法·九地篇》）

注释

①犯之：犯，使用、指挥。之，代指士卒。

②言：实情、谋虑。

③犯之以害，勿告以利：各传世诸本皆为“犯之以利，勿告以害”，而汉简本相反，作“犯之以害，勿告以利”。吴九龙《孙子校释》认为：“按汉简本义长，今从之。‘犯之以害’，即后文‘陷之死地然后生’，‘勿告以利’，是使士卒有必死拼斗的决心，不存侥幸心理。”本书从汉简本。这句话的意思是使之完成危险的任务，但不要指明有利的条件。

译文

指挥士卒做事情，不要告诉他们任务的意图。使之完成危险的任务，但不要指明有利的条件。

投之亡地[1]然后存；陷之死地然后生。

（《孙子兵法·九地篇》）

注释

①亡地：危机四伏，没有退路的地方。下面的“死地”与之意思相同。

〈译文〉

将军队置于危险之地，然后军队可以保存；让军队陷入死绝之地，然后军队才可以生存。

夫众陷于害，然后能为胜败[1]。

（《孙子兵法·九地篇》）

〈注释〉

①胜败：胜利、取胜，偏正结构用法。

〈译文〉

只有把军队置于危险的境地，才能取胜。

敌人开阖[1]，必亟入之。

（《孙子兵法·九地篇》）

〈注释〉

①开阖（hé）：打开门扇，此指敌人有隙可乘之时。阖，门扇。

〈译文〉

一旦发现敌人有隙可乘，就要迅速地乘机而入。

先其所爱[1]，微[2]与之期[3]。

(《孙子兵法·九地篇》)

注释

①爱:珍爱,此指要害、关键之处。

②微:无、不要。

③期:约期。

译文

先占领敌人的要害之处,不要与敌人约定交战日期。

始如处女①,敌人开户②,后如脱兔,敌不及拒。

(《孙子兵法·九地篇》)

注释

①处女:未出嫁的女子,形容安静。

②开户:指放松戒备。

译文

展开军事行动前,军队要做到如同处女一样安静,诱使敌人放松戒备;行动起来就像逃跑的兔子一样迅速,使敌人来不及抗拒。

行火必有因①,烟火必素具②。发火有

时，起火有日。

（《孙子兵法·火攻篇》）

〈注释〉

①因：凭借、依据。

②烟火必素具：烟火，火攻用的器具、燃料等。素，平常、平素。具，准备。

〈译文〉

实施火攻必须具备一定的条件，火攻所用的器材必须平时就准备好。发动火攻要乘有利的时机，引燃火势也要选择适当的日期。

凡火攻，必因五火之变而应之。

（《孙子兵法·火攻篇》）

〈译文〉

凡是用火攻，必须根据五种火攻方法的不同情况而灵活安排兵力接应。

火发于内，则早应之于外。

（《孙子兵法·火攻篇》）

〈译文〉

火从敌军内部引发，要及早派兵在外面策应。

火发兵[1]静者，待而勿攻。

（《孙子兵法·火攻篇》）

注释

①兵：此处指敌军。

译文

火烧起来而敌军镇静不慌，就要耐心等待而不应急于进攻。

火可发于外，无待于内，以时发之。

（《孙子兵法·火攻篇》）

译文

火是从外面放的，就不必等待内应，只要适时放火就行了。

火发上风，无攻下风。

（《孙子兵法·火攻篇》）

译文

火从上风点起，就不要在下风进攻。

以火佐[1]攻者明[2]，以水佐攻者强。水

可以绝③,不可以夺④。

(《孙子兵法·火攻篇》)

〈注释〉

①佐:辅助。

②明:明显,指效果显著。

③绝:隔绝、断绝。

④夺:剥夺。这里有焚毁之意,指焚毁敌人的物资器械。

〈译文〉

用火来辅助进攻,效果较为显著。用水来辅助进攻,可以加强攻势。水可以隔绝敌军,却不能夺取敌人的物资器械。

攻骄①之道,不可争锋。

(杜佑《通典》卷一五二引)

〈注释〉

①骄:骄兵,即恃强轻敌的军队。

〈译文〉

进攻恃强轻敌的军队的法则,是不必与它争一日之短长。

人欲我与，人弃吾取，此争先之道。

（杜佑《通典》卷一五九引）

〈译文〉

敌军要进攻的地方，我军要放弃；敌军要放弃的地方，我军要占领，这是争取主动的法则。

困而不谋者穷，穷而不战者亡。

（杜佑《通典》卷一五九引）

〈注释〉

①困：此指被困。

〈译文〉

被围困而不谋求突围，就无路可走；无路可走而不与敌人死拼，就会灭亡。

战贵齐成。

（上孙家寨汉简《孙子》佚文）

〈译文〉

战事贵行动一致。

孙子语录

治军篇

概述

军队是国家力量的重要组成部分，军队的强弱、士卒素质的高低，直接决定着战争的胜负，影响着国家的安危。因此，历代统治者、兵学家无不重视对军队的训练和治理。孙子认为，军队一定要有合理的组织编制，才能做到“治众如治寡”。治理军队时要遵循“合之以文，齐之以武”的原则，既要用恩赏、道义来培育、感化士卒，又要用军纪、军法来约束、管理士卒，只有恩威并施，教罚并用，才能官兵相得、令行禁止。要想调动全军将士的积极性，提高军队的战斗力，还必须对军队进行严格训练，并且要严明赏罚。孙子将“赏罚孰明”“士卒孰练”作为判断战争胜负的重要因素。另外，孙子提出，要想培养一支英勇善战的军队，将帅必须以情带兵，“视卒如婴儿”“视卒如爱子”，这样才能取得士卒的亲附，使之“与之俱死”。他还指出，严明军纪的养成一定要靠平时的训练，若平时能够严格维持军令的执行，部队就会养成服从纪律的习惯，军队战斗力就强。因此，预测战争胜负时还要看“法令孰行”。

凡治[1]众如治寡，分数[2]是也。

（《孙子兵法·势篇》）

〈注释〉

①治：治理、管理。

②分数：军队的组织编制。分，指军、师、旅、卒、两、什、伍等层级划分。数，指各层级的人员数量。

〈译文〉

管理人数众多的军队与管理人数很少的军队一样，靠的是军队合理的组织编制。

斗众如斗寡，形名[1]是也。

（《孙子兵法·势篇》）

〈注释〉

①形名：军队的指挥号令系统。

〈译文〉

指挥人数众多的军队战斗与指挥人数很少的军队战斗一样，靠的是军队有效的指挥号令系统。

纷纷纭纭[①]，斗乱而不可乱也[②]。浑浑沌沌[③]，形圆[④]而不可败也。

（《孙子兵法·势篇》）

注释

①纷纷纭纭：纷繁杂乱的样子，这里指战场上旌旗飘扬、人马穿梭的混乱场景。

②斗乱而不可乱也：在混乱状态中指挥作战要做到军队整齐不乱。

③浑浑沌沌：混迷不清的样子，这里指战场上己方士兵和敌人互相穿插，人走马奔的混乱场面。

④形圆：阵势的部署首尾呼应，与敌作战能应付自如。

译文

战场上旌旗飘扬，人马穿梭，在这种纷纭混乱的状态中指挥军队作战，要做到军队整齐不乱。敌我双方互相穿插，人走马奔，在这种状态下阵势的部署必须首尾呼应，与敌作战才能应付自如，从而立于不败之地。

乱生于治[①]，怯生于勇，弱生于强。

（《孙子兵法·势篇》）

注释

①治：严整、有序。

〈译文〉

有序严整的军队可能变得混乱，勇敢的军队可能变得怯懦，强大的军队可能变得弱小。

治乱，数[①]也；勇怯，势[②]也；强弱，形[③]也。

(《孙子兵法 · 势篇》)

〈注释〉

①数：即分数，军队的组织编制。

②势：态势、气势。

③形：此指军事实力。

〈译文〉

军队的严整或混乱，取决于组织编制是否有序；军队勇敢或怯懦，取决于作战态势的优劣；军队的强大或弱小，取决于军事实力的大小。

其疾[①]如风，其徐[②]如林，侵掠[③]如火，不动如山，难知[④]如阴，动如雷震。

(《孙子兵法 · 军争篇》)

〈注释〉

①疾：迅速。

②徐:从容、迟缓。

③侵掠:发动进攻。侵,越境进犯。掠,掠夺物资。

④难知:隐藏自己的形迹,让敌人难以窥知。

译文

军队行动迅速时,如同疾风一般;军队行动迟缓时,如同森然不乱的林木;攻城略地时,如同烈火燎原,势不可当;防御时,如同山岳一样,不可动摇;行动隐蔽时,如同阴云蔽天一样不见日月星辰,令敌难以琢磨;冲锋时,如迅雷不及掩耳,使敌人无法退避。

人既专一①,则勇者不得独进,怯者不得独退,此用众之法②也。

(《孙子兵法·军争篇》)

注释

①专一:统一、一致,此指士卒皆听从号令、服从指挥。

②用众之法:指挥人数众多的军队作战的方法。

译文

士卒皆听从号令、服从指挥,那么,勇敢的士兵不会单独前进,怯懦的士兵也不会独自退却,这就是指挥大部队作战的方法。

数[1]赏者，窘也；数罚者，困也。

(《孙子兵法·行军篇》)

〈注释〉

①数(shuò)：多次。

〈译文〉

一再犒赏士卒，表明敌军处境很困窘；一再处罚士卒，表明敌军陷入困境，无计可施。

先暴而后畏其众者，不精之至也。

(《孙子兵法·行军篇》)

〈译文〉

对部下先是凶暴无礼，后又害怕部下反抗的，是最不精明的将领。

卒未亲附而罚之，则不服，不服则难用也。

(《孙子兵法·行军篇》)

〈译文〉

在士卒还没有亲近依附之前就严格执行军令处罚他们，他们就不服，不服就难以为用。

故合[①]之以文[②]，齐之以武[③]，是谓必取[④]。

（《孙子兵法·行军篇》）

〈注释〉

①合：十一家注本原为“令之以文，齐之以武”，今据吴九龙《孙子校释》、李零《〈孙子兵法〉十三篇综合研究》之说改。“合”“齐”对文，都是整齐、统一、整饬之意。

②文：宽厚仁德。

③武：军纪刑罚。

④取：取胜。

〈译文〉

用宽厚仁德来笼络团结士卒，用军纪刑罚来整齐士卒的行为，这样的军队打起仗来必能取胜。

令素行[①]以教其民[②]，则民服；令不素行以教其民，则民不服。令素行者，与众相得[③]也。

（《孙子兵法·行军篇》）

〈注释〉

①素行：平时能认真施行，贯彻命令。素，平时、一贯。

②民:民众,此指士卒。

③相得:关系融洽。

译文

军令平时能够认真贯彻施行,用来管教士卒,士卒就会服从命令;军令平时就得不到贯彻执行,用来管教士卒,士卒就不会服从命令。军令平时就能够贯彻执行的,表明将帅与士卒之间关系融洽。

视①卒如婴儿,故可与之赴深溪②。视卒如爱子,故可与之俱死。

(《孙子兵法·地形篇》)

注释

①视:对待、看待。

②深溪:很深的山涧,此处比喻危险地带。

译文

将帅对待士卒像对待婴儿一样仁慈,士卒就能够和将帅一起奔赴危险的地方;对待士卒像对待自己的子女一样爱护有加,士卒就愿意随同将帅一起出生入死。

厚①而不能使,爱而不能令,乱而不能治,譬若骄子,不可用②也。

(《孙子兵法·地形篇》)

注释

①厚:厚待、厚养。

②用:使用,这里指指挥士卒作战。

译文

厚养士卒而不善于使用他们,溺爱士卒而不能指挥他们,士卒违法乱纪而不能惩治他们,就好比骄纵的孩子,是不能用来打仗的。

禁祥[①]去疑。

(《孙子兵法·九地篇》)

注释

①祥:吉凶的征兆,泛指各种迷信活动。

译文

在军队中要禁止各种迷信活动,消除士卒的疑虑。

兵之情[①],围则御[②],不得已则斗,过则从[③]。

(《孙子兵法·九地篇》)

〈注释〉

①情:心理。

②御:抵抗。

③过则从:过,甚,这里指身陷绝境。从,听从、服从指挥。

〈译文〉

士卒的心理状态是,被包围就要奋起抵抗,不得已时就拼死战斗,身陷绝境就会听从指挥。

施无法[①]之赏,悬无政[②]之令,犯[③]三军之众,若使一人。

(《孙子兵法 · 九地篇》)

〈注释〉

①无法:不合惯例、超出规定。

②无政:不符合常规。

③犯:使用,此指驱使、指挥。

〈译文〉

施行超出常规的奖赏,颁布不拘常规的命令,指挥全军如同指挥一个人一样得心应手。

弗令[①]弗闻,君将之罪也;已令已申,

卒长之罪也。

(银雀山汉墓竹简《孙子》佚文《见吴王》)

〈注释〉

①令:动词,制定有关的条令规定。

〈译文〉

在军中不建立有关条令规定亦不向下属申明,使下属无所适从,是将帅的罪过;已经建立相应的条令规定,并且反复申明,而其下属仍不执行,是下级官吏的罪过。

赏善始贱[①]。

(银雀山汉墓竹简《孙子》佚文《见吴王》)

〈注释〉

①始贱:从地位卑贱者开始。

〈译文〉

奖赏军中有功的,要从地位卑贱者开始。

威行于众,严行于吏,三军信其将威者,乘[①]其敌。

(银雀山汉墓竹简《孙子》佚文《见吴王》)

注释

①乘:战胜。

译文

只有在军队中树立起军威,对下级官吏严格要求,三军相信其将帅有威严的,才能战胜敌人。

约束[1]不明,申令不熟,将之罪也;既已明而不如法[2]者,吏士之罪也。

(《史记·孙子吴起列传》)

注释

①约束:用来控制管理的号令、规定。

②不如法:不按照号令去做。

译文

号令和规定不明确,命令申述得不清楚,这是将领的过错;现在既然讲得清清楚楚,却不按照号令行事,那就是军官和士兵的过错了。

孙子语录

将帅篇

概述

将帅是战争的直接指挥者，其素质的优劣直接影响着军队的建设和战争的胜负。孙子十分重视将帅的素质以及在战争中的地位和作用，对将帅的选拔提出了严格的要求。他强调，将帅同国家的命运和利益息息相关，如果将帅的素质高，对国君的辅佐比较周密，国家就会强盛；反之，国家就会衰弱。孙子十分注重将帅队伍的建设，提出了对一位合格将帅的诸多要求：在素质上，要具备"智、信、仁、勇、严"五德；在性格上，要克服"必死""必生""忿速""廉洁""爱民"这五种性格缺陷；在才能上，要做到"知地形""知五利""通九变"等；在修养上，要做到"静以幽，正以治"；在处事上，要"进不求名，退不避罪，唯人是保，而利合于主"。孙子还强调，要想实现将帅在战争中有效、灵活的指挥，必须处理好将帅和国君之间的关系，做到"将能而君不御"。

将者，智、信、仁、勇、严也。

（《孙子兵法·计篇》）

〈译文〉

作为将帅，必须具备足智多谋、赏罚有信、关爱士卒、勇敢果断、执法严明等品质。

知兵[1]之将，生民[2]之司命[3]，国家安危之主[4]也。

（《孙子兵法·作战篇》）

〈注释〉

①知兵：懂得用兵之道。

②生民：普通民众。

③司命：星宿名，主死亡，此指命运的掌控者。

④主：主宰者。

〈译文〉

懂得用兵之道的将帅，是民众命运的掌控者，是国家安危存亡的主宰者。

夫将者，国之辅[1]也。辅周[2]则国必

强，辅隙[3]则国必弱。

（《孙子兵法·谋攻篇》）

〈注释〉

①辅：古代夹在车轮外旁的直木，此指辅佐、辅助。

②周：周密。

③隙：缺陷、漏洞。

〈译文〉

将帅是国君的辅佐。辅助周密，国家就会强盛；辅助有疏漏，国家就会衰弱。

君之所以患[1]于军者三：不知军之不可以进而谓[2]之进，不知军之不可以退而谓之退，是谓縻军[3]。不知三军之事而同三军之政者，则军士惑[4]矣。不知三军之权而同[5]三军之任，则军士疑矣。三军既惑且疑，则诸侯之难[6]至矣，是谓乱军引[7]胜。

（《孙子兵法·谋攻篇》）

〈注释〉

①患：危害。

②谓：告诉，此处意为命令。

③縻(mí)军：束缚军队。

④惑：疑惑、困惑。

⑤同：干涉、干预。

⑥难：此指战乱、兵灾。

⑦引：引导、招致。

译文

国君危害军队的情况有三种：不知道军队不可以前进而命令军队前进，不知道军队不可以后退而命令军队后退，这叫作束缚军队；不了解军队的内部事务而去干预军务，就会使将士迷惑；不懂得军队作战的权宜机变而硬要去干预军队的指挥，就会使将士产生疑虑。军队既迷惑又存有疑虑，那么别的诸侯国乘机进犯的灾难就会到来，这样就会扰乱自己的军队而导致敌人取得胜利。

将有五危①：必死②，可杀③也；必生④，可虏也；忿速⑤，可侮也；廉洁⑥，可辱也；爱民，可烦⑦也。凡此五者，将之过也，用兵之灾也。

（《孙子兵法·九变篇》）

注释

①危：危险、隐患。

②必死:有勇无谋,只知道一味死拼。必,固执、坚持。

③可杀:容易为敌人所杀。

④必生:贪生怕死。

⑤忿速:急躁易怒。

⑥廉洁:过于追求名节。

⑦烦:烦劳、烦扰。

〈译文〉

将帅有五项危险的事情:只知死拼的将帅,容易被人杀死;只图求生的将帅,容易被人俘虏;急躁易怒的将帅,容易被人激怒;过度追求名节的将帅,容易受人侮辱;只知一味爱惜民众的将帅,容易被敌人烦扰。这五项危险,都是将帅容易犯的过失,也是用兵作战的大害。

夫惟无虑而易敌①者,必擒于人②。

(《孙子兵法·行军篇》)

〈注释〉

①易敌:轻视敌人。

②擒于人:被敌人擒获。于,表被动。

〈译文〉

那些缺乏深谋远虑又轻视敌人的人,一定会被敌人俘虏。

故兵[①]有走[②]者，有弛[③]者，有陷[④]者，有崩[⑤]者，有乱[⑥]者，有北[⑦]者。凡此六者，非天之灾，将之过也。

（《孙子兵法 · 地形篇》）

注释

①兵：此指败兵，即军队作战失败的情况。

②走：败走、逃跑。

③弛：松懈、涣散。此指士卒强悍，将吏软弱，军队涣散难以管理。

④陷：陷没。此指将吏强悍，士卒软弱，遇敌不堪一击，最终陷于败没。

⑤崩：土崩瓦解。此指全军溃败。

⑥乱：杂乱无章、指挥混乱。

⑦北：军败逃走。

译文

军队失败的情况有走、弛、陷、崩、乱、北等六种。这六种情况，都不是由于天灾造成的，而是由于将帅的过失所致。

故进不求名，退不避罪，唯人[①]是[②]保，而利合于主，国之宝也。

（《孙子兵法 · 地形篇》）

注释

①人:民众、百姓。

②是:助词,没有实际意义。

译文

进攻不追求战胜的名声,后退也不回避违命的罪责,一切都是为了保护民众,维护国君的利益,这样的将帅,是国家的宝贵财富。

知兵者,动而不迷[①],举[②]而不穷。

(《孙子兵法·地形篇》)

注释

①迷:迷惑。

②举:举动、行动。

译文

通晓用兵规律的将帅,行动不会迷惑,举措变化无穷。

将[①]军之事,静以幽[②],正以治[③]。

(《孙子兵法·九地篇》)

注释

①将:动词,统率、带领。

②静以幽：静，冷静沉着。以，通“而”。幽，幽深莫测。

③正以治：正，严肃公正。治，有条理、不乱。

译文

统帅军队这种事，需要指挥者冷静沉着而深隐难测，严肃公正而治理得宜。

聚三军之众，投之于险，此谓将军之事也。

（《孙子兵法·九地篇》）

译文

聚集全军士卒，投置于危险的境地，使他们拼死奋战，是将军的责任。

主[①]不可以[②]怒而兴师，将不可以愠[③]而致战。

（《孙子兵法·火攻篇》）

注释

①主：国君。

②以：因为、由于。

③愠：恼怒、怨愤。

〈译文〉

国君不能因一时恼怒而发动战争,将军也不能因一时怨愤而与敌开战。

将在军[①],君命有所不受。

(《史记·孙子吴起列传》)

〈注释〉

①军:此指战争。

〈译文〉

将领征战在外,国君的命令如果不利于战争,可以不服从。

贵之[①]而无骄,委之[②]而不专[③],扶之[④]而无隐,危之[⑤]而不惧。故良将之动也,犹璧玉之不可污也。

(《北堂书钞》卷一一五引)

〈注释〉

①贵之:君主以之为贵,即地位显赫。

②委之:委以重任。

③专:独断专行。

④扶之:君主扶持利用。

⑤危之:危急关头。

〈译文〉

(贤能的将领)地位显赫时,不骄傲;委以重任时,不独断专行;受君主扶持利用时,不隐退;在危急关头,不惧怕。所以他们每一次出兵,都像洁白的璧玉一样纯而不染。

人效死[①]而上能用之,虽优游暇誉[②],令犹行也。

(《文选》卷四六《三月三日曲水诗序》李善注引)

〈注释〉

①效死:效力死战。

②优游暇誉:悠闲逸乐。誉,通"豫",乐也。

〈译文〉

效力死战的将士,上面的主帅能使用他,虽然他悠闲逸乐,但军令还是能够执行的。

利害篇

概述

古往今来，战争都是在一定利益的驱使下爆发的，是交战双方围绕着利益的争夺采取的极端形式。因此，一切战争的共同目标都可以用一个“利”字来概括。孙子并不讳言“利”。他强调，利益是一切军事行动的最高准则，“非利不动，非得不用”，“合于利而动，不合于利而止”。当然争利并不代表唯利是图。在实际用兵过程中，“利”“害”往往是并存的，因此，“智者之虑，必杂于利害”，在争“利”的同时，也要分析一下是否有“害”，权衡一下“利”和“害”哪一个更大，“不尽知用兵之害者，则不能尽知用兵之利也”。孙子还强调，战斗中，谁都想避害争利，但在实际操作中却常常走向反面，欲争其利，反受其害。因此，要想争得“利”，有的时候最好的做法不是直接逐“利”，而是通过“患”来取“利”，即“以迂为直，以患为利”。孙子认为，针对人们趋利避害的本性，在战争中可以运用利害这个杠杆去有效地调动敌人。要想使敌人主动进入我方预设的地域，可以用小利去引诱敌人；要想阻碍敌人到达某个地域，就要制造困难阻止敌人，或者让敌人感觉此处有危险而不敢来。用“利”和“害”调动敌人，可以使敌人由“佚”变“劳”，由“饱”变“饥”，由“安”变“动”，这样战场上敌我双方的虚实形势就会发生重大的变化，我方就可以牢牢控制战争的主动权，以最小的代价换取最大的胜利。

计利以听[1]，乃为之势[2]，以佐[3]其外。

(《孙子兵法 · 计篇》)

〈注释〉

①计利以听：计利，计算、衡量敌我双方的有利或不利条件。以，通“已”，已经。听，听取、采纳。

②乃为之势：就要设法制造一种有利的态势。乃，于是、就。为，创造。之，语助词，无义。

③佐：辅助。

〈译文〉

所筹划的有利作战的方略已经被采纳，然后就要创造一种积极有利的军事态势，作为外在条件辅佐以争取战争的胜利。

故不尽知[1]用兵之害者，则不能尽知用兵之利也。

(《孙子兵法 · 作战篇》)

〈注释〉

①尽知：完全了解。

〈译文〉

不能完全了解用兵危害的人，就不能完全了解用兵的有利方面。

故善动敌[①]者，形[②]之，敌必从之；予之，敌必取之。

（《孙子兵法·势篇》）

〈注释〉

①动敌：调动敌人。

②形：示形，即以假象欺骗敌人。

〈译文〉

善于调动敌人的将领，用假象欺骗敌人，敌人必定会信从；给敌人以小利，敌人必定会来夺取。

以利动之，以卒[①]待之。

（《孙子兵法·势篇》）

〈注释〉

①卒：士兵，此指伏兵。

〈译文〉

用小利引诱敌人行动，用伏兵伺机破敌。

能使敌人自至[1]者,利[2]之也;能使敌人不得至者,害[3]之也。

(《孙子兵法·虚实篇》)

〈注释〉

①自至:自己到来,这里指敌人主动进入我方预定的交战地点。

②利:作动词用,指用利益引诱敌人。

③害:妨碍、阻挠。

〈译文〉

能使敌人主动进入我方预定的交战地点,是用利益引诱的结果;能使敌人不进入我方防区,是制造困难牵制阻挠的结果。

敌佚能劳[1]之,饱能饥[2]之,安能动[3]之,出其所必趋也。

(《孙子兵法·虚实篇》)

〈注释〉

①劳:使敌人疲劳。

②饥:使敌人饥饿。

③动:使敌人移动。

译文

敌人从容安逸的，能够使他疲劳；敌人粮食充裕的，能够使他匮乏；敌人驻扎安稳的，能够使他移动。

军争之难者，以迂[①]为直，以患[②]为利。

（《孙子兵法·军争篇》）

注释

①迂：曲折、迂远。

②患：忧患，此指各种不利的条件。

译文

争夺制胜条件中最难的是，要化迂远曲折的弯路为直道近路，把不利条件转化成有利条件。

故迂其途，而诱之以利，后人发，先人至，此知迂直之计者也。

（《孙子兵法·军争篇》）

译文

故意采取迂回的路线，并用小利去引诱敌人，我军虽然比敌人后出动，却能先于敌人到达要争夺的战略要地，这就是掌握了以迂为直的方法。

军争为[1]利，军争为危。

(《孙子兵法·军争篇》)

〈注释〉

①为：有。

〈译文〉

军争既有有利的一面，也有危险的一面。

兵以诈立[1]，以利动，以分合[2]为变者也。

(《孙子兵法·军争篇》)

〈注释〉

①立：成立，此指成功、取胜。

②分合：分，分散兵力。合，集中兵力。

〈译文〉

用兵作战依靠诡诈多变取胜，根据是否有利于自己决定军事行动，作战时根据情况的变化决定兵力的分散或集中。

智者[1]之虑，必杂[2]于利害。杂于利，而务[3]可信[4]也；杂于害，而患可解[5]也。

(《孙子兵法·九变篇》)

注释

①智者:聪明的将帅。

②杂:掺杂,此指兼顾。

③务:事,此指己方的作战意图、作战任务等。

④信:通“伸”,伸展、达到。

⑤解:化解、消除。

译文

聪明的将领考虑问题时,会兼顾利和害两个方面。在不利的条件下兼顾有利的一面,作战意图才能顺利实施;在有利的条件下兼顾不利的一面,祸患就可以解除。

屈①诸侯者以害,役②诸侯者以业③,趋④诸侯者以利。

(《孙子兵法·九变篇》)

注释

①屈:屈服,此处为使动用法,使诸侯屈服。

②役:驱使。

③业:事情。

④趋:奔走,此处为使动用法,使诸侯奔走。

译文

用诸侯所担心害怕的事情去伤害它,使之屈服;用消

耗国力的事情烦劳诸侯，使之疲于应付；用小利引诱诸侯，使之奔走不暇。

非利不动，非得[①]不用，非危不战。

（《孙子兵法 · 火攻篇》）

注释

①得：取胜。

译文

如果对国家不利，就不行动；没有必胜的把握，就不要用兵；不是到了危急的时刻，就不要开战。

合于利而动，不合于利而止。

（《孙子兵法 · 火攻篇》）

译文

符合国家的利益就展开行动，不符合国家的利益就停止行动。

孙子语录

地形篇

概述

地形是组织指挥军队作战所依据的重要条件，是影响部队作战行动的基本因素之一，利用地形为历代军事家所重视。孙子在论兵时也十分关注战场的地形条件，并且把“天地孰得”作为预测战争胜负的重要内容之一。他认为，地形是用兵打仗的辅助条件，“料敌制胜，计险厄远近，上将之道也”，高明的指挥者在战争中不仅应该“知彼知己”，还要“知天知地”，这是“胜乃可全”的前提条件。在行军作战时，一定要通过侦察或利用“乡导”去了解地形，“不用乡导者，不能得地利”。地形条件不同，军队机动、部署的方法与作战的方法也不相同。在《九地篇》《行军篇》《地形篇》中，孙子论述了在各种地形条件下的处军原则及作战要求，并提出了利用地形的基本原则，即“好高而恶下，贵阳而贱阴，养生而处实”。由于地形是客观存在的，它对军队的战斗行动总是存在着利、弊两种影响，要尽量占据有利的地形，避免置军于不利的地形，这样就能大大增加战争取胜的可能性。

不知山林、险阻、沮泽之形者，不能行军。

（《孙子兵法·军争篇》）

〈译文〉

不了解山林、险阻和沼泽的地形分布，就不能贸然行军。

不用乡导[①]者，不能得地利。

（《孙子兵法·军争篇》）

〈注释〉

①乡导：乡，通“向”。指熟悉当地情况的带路者。

〈译文〉

不借助向导，就不能有效利用有利的地形。

圮地无舍[①]，衢地交合[②]，绝地[③]无留，围地[④]则谋，死地[⑤]则战。

（《孙子兵法·九变篇》）

〈注释〉

①圮(pǐ)地无舍：在难以通行的地方不可宿营。圮，毁坏、倒

塌。舍，宿营、驻扎。

②衢(qú)地交合：在四通八达的地区应结交诸侯。衢，大路。

③绝地：远离国境、粮草匮乏之地。

④围地：难于进退、容易被包围的地方。

⑤死地：进退两难、走投无路之地。

译文

在难以通行的地方，不可宿营；在四通八达的地方，要结交诸侯以求援助；在难于生存的地方不可停留；在容易被围困的地方，要巧设计谋摆脱险境；在进退两难、走投无路的死地，要奋力死战。

将通[①]于九变[②]之利者，知用兵矣；将不通于九变之利者，虽知地形，不能得地之利者矣。

（《孙子兵法·九变篇》）

注释

①通：通晓、精通。

②九变：非常多的变化。古人以“九”为最多的意思，用作形容词。

译文

将帅如果通晓各种权变的好处，可以算是懂得用兵

了。将帅如果不识各种权变的好处，即使知道地形情况，也不能有效利用地利条件。

绝[1]山依[2]谷，视生[3]处高，战隆[4]无登[5]，此处山之军也。

（《孙子兵法 · 行军篇》）

注释

①绝：度过、穿越。

②依：依傍、靠近。

③视生：视，面向。生，可攻可守、进退自如之生地。

④隆：高。

⑤登：仰攻。

译文

穿越山地时，要沿着溪谷行进。驻扎时要面向可攻可守、进退自如之生地，依托高地。如果敌军占据高地，不要仰攻。这是在山地作战时的部署原则。

绝水必远水。

（《孙子兵法 · 行军篇》）

译文

横渡江河，要在离江河稍远的地方驻扎。

客[①]绝[②]水而来，勿迎之于水内，令半济[③]而击之，利。

（《孙子兵法·行军篇》）

〈注释〉

①客：敌军。

②绝：横渡。

③济：渡河。

〈译文〉

敌军渡水来战，不要在水上迎敌，要等到敌军半数已渡、半数未渡的时候发动攻击，这样才能取得最大战果。

欲战者，无附[①]于水而迎客。

（《孙子兵法·行军篇》）

〈注释〉

①附：靠近、贴近。

〈译文〉

如果要与敌军决战，不要靠近水边去迎击敌人。

绝斥泽[①]，惟亟[②]去无留。

（《孙子兵法·行军篇》）

〈注释〉

①斥泽:盐碱沼泽地带。

②亟:迅速。

〈译文〉

通过盐碱沼泽地带时,要迅速离开,不要停留。

若交军①于斥泽之中,必依水草而背众树。

(《孙子兵法 · 行军篇》)

〈注释〉

①交军:两军相交,即同敌人对峙或交战。

〈译文〉

如果在盐碱沼泽地带与敌军交战,一定要靠近有水草之处,而且背靠树林。

平陆处易①,而右背高②,前死后生③,此处平陆之军也。

(《孙子兵法 · 行军篇》)

〈注释〉

①平陆处易:平陆,开阔的平原地带。易,平坦的地方。

②右背高：军队的主要翼侧要背靠高地。右，指军队的主要翼侧。

③前死后生：前低后高。死、生，地势的低、高。《淮南子·地形训》曰："高者为生，下者为死。"

译文

在平原上，要选择地势平坦的地方宿营，而且军队的主要翼侧要背靠高地，做到前低后高。这是在平原作战时的部署原则。

凡军好①高而恶下②，贵阳③而贱阴④，养生⑤而处实⑥，军无百疾⑦，是谓必胜。

（《孙子兵法·行军篇》）

注释

①好：喜欢、偏好。

②恶下：恶，憎恶、厌恶。下，低地、洼地。

③阳：山的南面、水的北面为阳，这里指向阳之处。

④阴：山的北面、水的南面为阴，这里指背对着太阳的地方，即阴湿地带。

⑤养生：水草丰盛、粮食充足的地方。

⑥处实：物资供应便利的地方。

⑦百疾：各种疾病。

〈译文〉

凡是军队都喜欢驻扎在高处而厌恶低处，看重向阳之处而厌恶阴湿地带，靠近水草丰美、军需供应充足便利的地方，这样全军就会百病不生，就有取胜的把握。

丘陵堤防，必处其阳而右背之[①]，此兵之利，地之助[②]也。

（《孙子兵法 · 行军篇》）

〈注释〉

①必处其阳而右背之：置军于向阳之地，并使军队的主要侧翼背靠丘陵堤防等高地。

②地之助：得自地形条件的辅助。

〈译文〉

在丘陵、堤防驻军，必须驻扎在向阳的一面，并使军队的主要侧翼背靠着它。这些对于用兵有利的措置，是利用地形作为辅助条件的。

上雨[①]，水沫[②]至，欲涉者，待其定也。

（《孙子兵法 · 行军篇》）

〈注释〉

①上雨：河的上游下雨。

②水沫:河水的泡沫,这是洪水到来的表现。

译文

河流上游下雨,水沫冲下来,如果军队打算过河,要等水势平稳后再渡。

军行有险阻、潢井[①]、葭苇[②]、山林、蘙荟[③]者,必谨覆索之[④],此伏奸[⑤]之所处也。

(《孙子兵法·行军篇》)

注释

①潢(huáng)井:积水低洼之地。

②葭(jiā)苇:芦苇丛生之地。

③蘙(yì)荟(huì):草木繁茂之地。

④必谨覆索之:必须仔细、反复的搜索。

⑤伏奸:伏兵或奸细。

译文

行军的道路两旁遇到有险峻的隘路、湖沼、水网、芦苇、山林和草木茂盛的地方,必须谨慎地反复搜索,这些地方往往是敌人伏兵或奸细的藏身之处。

通形[①]者,先居高阳[②],利[③]粮道,以战则利。

(《孙子兵法·地形篇》)

注释

①通形:敌我均可以往来的地形。

②高阳:地势高且向阳之处。

③利:便利、通畅,使动用法。

译文

在敌我均可往来的通形地域,应抢先占据地势高而且向阳的地方,并保持粮道畅通,这样与敌交战就有利。

夫地形者,兵之助[1]也。

(《孙子兵法 · 地形篇》)

注释

①助:辅助、帮助。

译文

地形是用兵作战的辅助条件。

料[1]敌制胜,计[2]险厄远近,上将之道也。

(《孙子兵法 · 地形篇》)

注释

①料:估量、判断。

②计:计算、考察。

译文

判断敌情,制订取胜计划;考察地形的险易,计算道路的远近,是主将必须要做到的。

知吾卒之可以击,而不知敌之不可击,胜之半[①]也;知敌之可击,而不知吾卒之不可以击,胜之半也;知敌之可击,知吾卒之可以击,而不知地形之不可以战,胜之半也。

(《孙子兵法·地形篇》)

注释

①胜之半:胜负的可能性各占一半,即没有必胜的把握。

译文

只了解我军能打,而不了解敌军不可以打,取胜的可能性只有一半;只了解敌军可以打,而不了解我军不能打,取胜的可能性也只有一半;了解敌军可以打,也了解我军能打,而不了解地形条件不允许打,取胜的可能性仍然只有一半。

散地[①]则无战，轻地[②]则无止，争地[③]则无攻，交地[④]则无绝，衢地[⑤]则合交，重地[⑥]则掠，圮地[⑦]则行，围地[⑧]则谋，死地[⑨]则战。

(《孙子兵法 · 九地篇》)

注释

①散地:在本国境内作战的地区。

②轻地:军队进入敌境不深的地区。

③争地:谁先占据就对谁有利的必争地区。

④交地:敌我双方的接壤之地。

⑤衢地:敌、我和其他诸侯国相连接的,谁先到达谁就可以得到诸侯国援助的地区。

⑥重地:入敌境很深,越多许多敌国城邑的地区。

⑦圮地:山林、险阻、沼泽等道路难行的地区。

⑧围地:所由进入的路口狭隘,退回的道路迂远,敌人以少量兵力就可以战胜我军的地带。

⑨死地:拼死奋战才能生存,否则就要灭亡的地带。

译文

在散地上,不宜交战;在轻地上,不要停留;在争地上,如果取胜条件尚不具备,就不要强行进攻;在交地上,军队部署上要首尾连贯,不可断绝;在衢地上,要结交邻国,以

为己援;深入重地,要夺取当地的粮草物资以解决己方军队的补给问题;遇到圮地,要设法迅速通过;身陷围地,要用计谋来摆脱困境;身陷死地,要拼死作战以求脱险。

凡为客① 之道,深入则专②,主人不克③。

(《孙子兵法·九地篇》)

〈注释〉

①为客:指进攻他国,进入他国境内。

②专:专心、齐心。

③主人不克:主人,在本土作战的军队。克,战胜。

〈译文〉

进入敌国境内作战的原则是:深入到敌国境内,士卒就会意志专一,齐心协力作战;在本土作战的军队就无法战胜客军。

是故方马埋轮①,未足恃②也;齐勇若一,政③之道也;刚柔皆得④,地之理也。

(《孙子兵法·九地篇》)

〈注释〉

①方马埋轮:把马并列拴在一起,把车轮埋住。方,并列,此

指系在一起。

②恃:依靠。

③政:治理、管理,这里指治理军队。

④刚柔皆得:强者和弱者能各尽其力。刚,强大的人。柔,弱小的人。

译文

把马并列拴在一起,把车轮埋住,想通过这种方式来稳定军队,是靠不住的;全军齐心协力、奋勇杀敌如同一人,这才是治军的原则;使强者和弱者能各尽其力,需要恰当地利用地形条件。

九地之变,屈伸①之利,人情之理②,不可不察。

(《孙子兵法 · 九地篇》)

注释

①屈伸:指部队的前进或后退。

②人情之理:士兵作战时的心理状态。

译文

各种地形的变化,攻守进退的利害得失,士兵作战时的心理状态,这些都不能不仔细省察。

凡为客之道，深①则专，浅②则散。

（《孙子兵法·九地篇》）

注释

①深：深入敌境。

②浅：尚未深入敌境，离本土较近。

译文

进入敌境越深，军心越专一；进入敌境越浅，士卒就越容易离散。

散地，吾将一其志①；轻地，吾将使之属②；争地，吾将趋其后③；交地，吾将谨其守④；衢地，吾将固其结⑤；重地，吾将继其食⑥；圮地，吾将进其途⑦；围地，吾将塞其阙⑧；死地，吾将示之以不活⑨。

（《孙子兵法·九地篇》）

注释

①一其志：统一军队的意志。

②使之属：使部队保持连续。属，连接。

③趋其后：使后续部队迅速跟上。

④谨其守：谨慎防守。

⑤固其结:巩固与诸侯国的结盟。

⑥继其食:保证军粮的供应。

⑦进其途:迅速通过。

⑧塞其阙:堵塞缺口。

⑨示之以不活:表明决一死战的决心。

〈译文〉

在散地作战,要统一全军的意志;在轻地作战,要使部队首尾相连;在争地作战,要使后续部队迅速跟上;在交地作战,要谨慎防守;在衢地作战,要巩固与诸侯国的联盟;在重地作战,要保证军粮的供应;在圮地作战,要迅速通过,不要停留;在围地作战,要堵塞缺口,迫使士卒拼死作战;在死地作战,要向敌人显示决一死战的决心。

争地之法,让之者得,求之者失。

(杜佑《通典》卷一五九引)

〈译文〉

在争地的作战方法,退让就会有所得,硬要追求反而会失去。

围地之宜,必塞其阙①,示无所往,则以军为家,万人同心,三军齐力。

(杜佑《通典》卷一五九引)

注释

①必塞其阙:必须堵塞隘口。

译文

在围地作战,必须堵塞隘口,表示坚守,这样官兵就会以军为家,万人同心,三军齐心协力。

孙子语录

后勤篇

概述

后勤是战争时期军队的命脉，如果没有充足的后勤保障，军队就会陷入困境，军心就会动摇，战争就难逃失败的结局。孙子对军队后勤工作的重要性及其如何做好军队后勤工作进行了阐述。他提出，“军无辎重则亡，无粮食则亡，无委积则亡”，“辎重”“粮食”“委积”等后勤物资是军队行军作战必备的物质条件。孙子还提出了“因粮于敌”“车杂而乘之，卒善而养之”等后勤保障原则。

善用兵者，役[①]不再籍[②]，粮不三载[③]；取用于国，因[④]粮于敌，故军食可足也。

（《孙子兵法·作战篇》）

注释

①役：兵役。

②籍：本义为名册，此处用作动词，按名册征发。

③三载：多次运输。三，多次。

④因：依靠、凭借。

译文

善于用兵打仗的人，兵员不用再次征集，粮食不用多次运送，武器装备由国内供应，粮食给养在敌国补充，这样，军队的粮草供应就能得到满足。

国之贫于师者远输，远输则百姓贫。

（《孙子兵法·作战篇》）

译文

国家之所以因用兵而导致贫困，是由于粮草的远道运输，远道运输会造成百姓的贫困。

智将务[①]食于敌。

(《孙子兵法·作战篇》)

注释

①务:务求。

译文

明智的将领务求在敌国境内补充粮食。

车杂[①]而乘[②]之,卒[③]善而养之,是谓胜敌而益[④]强。

(《孙子兵法·作战篇》)

注释

①杂:掺杂、混合。

②乘:驾,使用,此指作战。

③卒:士卒,此指俘虏、降卒。

④益:更加。

译文

把夺取的敌军车辆与我军车辆混合在一起,用于作战;优待俘获的敌军士卒,使之为我所用,这样在战胜敌人的同时会使自己变得更加强大。

举军[1]而争利则不及;委[2]军而争利则辎重捐[3]。

(《孙子兵法·军争篇》)

注释

①举军:全军连同装备辎重。

②委:舍弃、丢弃。

③捐:损失。

译文

全军带着装备辎重去争利,就会因行动迟缓而无法及时赶到预定地点;舍弃装备辎重去争利,则装备辎重就会受损失。

军无辎重[1]则亡,无粮食则亡,无委积[2]则亡。

(《孙子兵法·军争篇》)

注释

①辎重:泛指随军运载的武器装备。

②委积:泛指物资储备。

译文

军队没有武器装备就不能生存,没有粮食也不能生

存,没有物资储备亦不能生存。

凡兴师十万,出征千里,百姓之费,公家之奉[1],日费千金。

(《孙子兵法·用间篇》)

注释

①公家之奉:国家的军费开支。奉,同“俸”,指军费开支。

译文

凡是兴兵十万、不远千里去和敌人交战,百姓的耗费及国家的军费开支,每天都要千金之多。

孙膑语录

战争篇

概述

面对战国时期天下纷争、混战不休的社会现实，孙膑通过对战争问题的思考，形成了自己对战争问题的看法。一方面，他肯定战争在历史上的作用，强调只有通过"战胜而强立""举兵绳之"的战争方式，才能保证国家的存在，实现国家的统一。在他看来，儒家那种企图用"仁义""礼乐"以禁争夺的思想是不切实际的。另一方面，他也反对穷兵黩武、乐兵好战，认为"乐兵者亡，利胜者辱"，轻率好战就可能有亡国的危险，一味贪求胜利就可能会受挫被辱。对于战争，他提出了"义战"的标准，认为"卒寡而兵强者，有义也"，"守而无委，战而无义，天下无能以固且强者"，进行正义的战争就可以取得人民的支持，即便兵力少也能取得最终的胜利。

夫兵者,非士[①]恒势也。

(《孙膑兵法·见威王篇》)

〈注释〉

①士:借为"恃",依靠、依赖。

〈译文〉

用兵打仗没有永恒不变的有利形势可以依赖。

战胜,则所以存亡国而继绝世[①]也。战不胜,则所以削地而危社稷[②]也。是故兵者不可不察。

(《孙膑兵法·见威王篇》)

〈注释〉

①存亡国而继绝世:该句意思是使濒于灭亡的国家存活下去,使将要灭绝的宗族世系得以延续下去。存,原作"在",应为误写。

②社稷:国家。社,土神。稷,谷神。

〈译文〉

取得战争的胜利,就可以使濒于灭亡的国家继续存活

下去，使将要灭绝的宗族世系得以延续下去。不能取胜，就要割让土地、丧失领土，甚至会危及国家的生存。所以，对战争问题不能不认真考察。

夫乐兵[①]者亡，而利胜[②]者辱。

（《孙膑兵法·见威王篇》）

注释

①乐兵：好战。

②利胜：贪求胜利。

译文

好战的人必将导致灭亡，而贪图胜利的人往往会遭受屈辱。

城小而守固者，有委[①]也；卒寡而兵强者，有义[②]也。夫守而无委，战而无义，天下无能以固且强者。

（《孙膑兵法·见威王篇》）

注释

①委：委积，即物资储备。

②义：正义。此指进行战争有正义的理由。

〈译文〉

城虽小而防守坚固，是因为有充足的物资储备；兵虽少而战斗力强，是因为自己进行的是正义的战争。倘若防守而缺乏充足的物资储备，发动战争又不是出于正义，那么天下人没有谁能使城池防御固若金汤，也没有谁能使军队的战斗力强大无比。

战胜而强立，故天下服矣。

（《孙膑兵法 · 见威王篇》）

〈译文〉

只有用武力战胜敌人，使自己强大巩固起来，天下人才会臣服。

德不若五帝①，而能不及三王②，智不若周公，曰我将欲积仁义，式③礼乐，垂衣裳④，以禁争夺。此尧舜非弗欲也，不可得，故举兵绳⑤之。

（《孙膑兵法 · 见威王篇》）

〈注释〉

①五帝：历来说法不一，《史记 · 五帝本纪》指黄帝、颛顼、帝

喾、尧、舜。

②三王：夏商周三代开国的君主，即夏禹、商汤、周武王。

③式：效法、使用。

④垂衣裳：比喻无为而治。《周易·系辞》曰："黄帝、尧、舜垂衣裳而天下治。"王充《论衡·自然》曰："垂衣裳者，垂拱无为也。"

⑤绳：约束、制裁。

〈译文〉

那些德行不如五帝、才能不如三王、智慧不如周公的人，却说要凭借积蓄仁义、运用礼乐教化、力行无为而治的办法，来达到禁止争夺的目的。这种做法，并不是尧、舜不想实行，而是行不通，只好用战争的手段解决问题。

用兵无备者伤，穷兵[①]者亡。

（《孙膑兵法·威王问篇》）

〈注释〉

①穷兵：穷兵黩武。

〈译文〉

用兵打仗而事先没有做好充分准备的，国家必然受到损害；穷兵黩武者，国家必然会遭到灭亡。

恶战[①]者，兵之王器[②]也。

（《孙膑兵法·选卒篇》）

注释

①恶(wù)战：不好战。

②王器：象征王权的某种器物，如鼎、玉玺等。这里指十分重要的东西，即根本、原则等。

译文

不好战，是王者用兵时所尊奉的根本原则。

夫含齿戴角，前爪后距①，喜而合，怒而斗，天之道②也，不可止也。故无天兵③者自为备，圣人之事也。

(《孙膑兵法 · 势备篇》)

注释

①距：指雄鸡等禽类爪后突出的像脚趾的部分。

②天之道：天然的道理，即动物的天性。《淮南子 · 兵略训》说："凡有血气之虫，含牙带角，前爪后距。有角者触，有齿者噬，有毒者螫，有蹄者趹。喜而相戏，怒而相害，天之性也。"与本句意义相同，可相互参照理解。

③天兵：指动物天然生成的齿、角、爪、距等可以用来自卫和进攻的武器。

〈译文〉

凡是长着锐利的牙齿、坚固的头角、锋利的前爪和有力的后距的禽兽，高兴时就聚合在一起，发怒时就相互争斗，这是它们的本性，谁也改变不了。所以，没有天然生就的武器的人就必须自己制造武器，这便是圣人的事情了。

孙膑语录

战略篇

概述

孙膑对战略问题的阐述是多层次、多方面的，内容十分丰富。具体表现在：第一，提倡战前要做好准备，做到“事备而后动”，反对草率用兵，仓促应战。如果没有充分的战争准备，就会出现“无备者伤”“无备者困于地”的后果。第二，主张以“道”制胜。“道”即用兵的规律，孙膑认为，“战有道”，只有知“道”，才能预测战争的胜负，才能合理运用战争规律，克敌制胜。《威王问篇》中，孙膑认为威王所问的九个问题和田忌所问的七个问题，都只是接近于会用兵，但还“未达于道”。第三，将“必攻不守”视为“兵之急者”，主张进攻敌人没有防备或防守薄弱的地方，避实击虚，调动敌人，以争取战争主动权。第四，提出了以寡击众、以弱胜强的战略思想。孙膑认为通过“让威”“分人之兵”“伪遗小亡”等战法，就可以以弱国打败强国。第五，认为在敌强我弱的战场形势下，要想转化战场形势，取得战争胜利，必须要经历一个持久的阶段。在马陵之战中，孙膑正是在这种战略思想的指导下取得了战争的胜利。

兵非所乐也，而胜非所利也，事备而后动。

（《孙膑兵法·见威王篇》）

译文

用兵打仗不是什么好玩的事情，胜利也不可贪图，一定要做好充分的战争准备，才能采取行动。

夫权[①]者，所以聚众也。势者，所以令士必斗也。谋者，所以令敌无备也。诈者，所以困敌也。

（《孙膑兵法·威王问篇》）

注释

①权：权力。

译文

权力，是用来调集军队的。形势，是用来迫使士兵非奋战不可的。谋略，是用来使敌人无法防备的。诡诈，是用来使敌人陷入困境的。

必攻不守，兵之急者[①]也。

（《孙膑兵法·威王问篇》）

注释

①急者:最要紧的事。

译文

一定要进攻敌人防守薄弱的地方,这才是用兵方面最要紧的事。

埤垒广志[①],严正辑众[②],避而骄之,引而劳之,攻其无备,出其不意,必以为久。

(《孙膑兵法·威王问篇》)

注释

①埤(pí)垒广志:加固壁垒,广思谋略。埤,增高、加厚。

②严正辑众:严明政令,团结士卒。正,通“政”,法令。辑,团结。

译文

加固壁垒,广思谋略,严明政令,团结士卒,避开敌人使其骄纵,调动敌人使其疲惫,然后攻其无备,出其不意。这样做,必须做持久的准备才能成功。

明主、知道[①]之将,不以众卒[②]几[③]功。

(《孙膑兵法·威王问篇》)

〈注释〉

①知道:懂得用兵之道。

②众卒:一般士卒。

③几:期望、希冀。

〈译文〉

贤明的君主和懂得用兵之道的将帅,不会倚仗一般的士卒来取胜。

素信者昌。

(《孙膑兵法 · 威王问篇》)

〈译文〉

一贯严守信用的君主治下的国家必然昌盛。

求其道,国故长久。

(《孙膑兵法 · 陈忌问垒篇》)

〈译文〉

掌握了孙子的理论思想,国家就能兴旺强盛,长治久安。

先知胜不胜之谓知道。

(《孙膑兵法 · 陈忌问垒篇》)

〈译文〉

能预先知道胜与不胜，才称得上是懂得用兵之道。

间于[1]天地之间，莫贵于人。

（《孙膑兵法·月战篇》）

〈注释〉

①间于：介于、处于。这里指生存于天地之间。

〈译文〉

在天地之间，没有比人更高贵的了。

天时、地利、人和，三者不得，虽胜有殃[1]。

（《孙膑兵法·月战篇》）

〈注释〉

①殃：灾祸、后患。

〈译文〉

天时、地利、人和，这三方面的条件如果不具备，即便打了胜仗也会有祸患。

故战之道，有多杀人而不得①将卒者，有得将卒而不得舍②者，有得舍而不得将军者，有覆军杀将者。故得其道，则虽欲生不可得也。

(《孙膑兵法·月战篇》)

注释

①得：获取、俘获。

②舍：营舍。

译文

战争有各种各样的情况，有时能杀死许多敌人，却不能俘获敌军将帅和士卒；有时能俘获敌军将帅，却不能占领敌军营房；有时能占据敌军营房，却不能俘获敌军将帅；有时自己全军覆没，却能杀敌将帅。所以说，只要掌握了战争的规律，敌军想要逃生也就不可能了。

夫安万乘国①，广②万乘王，全③万乘之民命者，唯知道。

(《孙膑兵法·八阵篇》)

注释

①安万乘国：安，安定。万乘国，能够出动万辆兵车的国家，

泛指大国。

②广:扩大。

③全:保全。

〈译文〉

要想保证一个万乘之国的安全,扩大万乘之国君主的声威,保全万乘之国人民的生命,必须懂得用兵之道。

知道者,上知天之道,下知地之理,内得其民之心,外知敌之情,阵则知八阵之经[①],见胜[②]而战,弗见而诤[③]。此王者之将也。

(《孙膑兵法·八阵篇》)

〈注释〉

①八阵之经:八阵,各种阵势的统称,并非仅指八种阵势。经,规则、要领。

②见胜:预见胜利,即有了胜利的把握。见,预见。

③弗见而诤:没有必胜的把握就按兵不动。诤,借为“静”,停止。

〈译文〉

真正懂得用兵之道的人,上知天时,下知地理,在国内能深得民心,对外能熟知敌情,布阵时懂得各种阵法的要

领,有必胜的把握时就出战,没有必胜的把握就按兵不动。这样的人才是能够辅佐君主成就霸业的将领。

用八阵战者,因地之利,用八阵之宜①。

(《孙膑兵法·八阵篇》)

注释

①用八阵之宜:采取各种阵法中最适宜的阵法。

译文

运用不同的阵法作战,要根据有利的地形,采取最适宜的阵法。

黄帝作①剑,以阵象之②。羿③作弓弩,以势象之④。禹作舟车,以变象之⑤。汤、武作长兵⑥,以权象之⑦。凡此四者,兵之用也。

(《孙膑兵法·势备篇》)

注释

①作:制作、创造。

②以阵象之:可以用剑来比喻军阵。象,比喻。

③羿:即后羿。夏朝东夷族有穷氏首领,善于射箭,一度夺得了夏政权,后为其部下所杀。

④以势象之:可以用弓弩来比喻军势。

⑤以变象之:可以用舟车来比喻战争中的随机应变。

⑥汤、武作长兵:汤、武,商汤和周武王。长兵,戈矛一类的长柄兵器。

⑦以权象之:可以用长兵器来比喻作战中的控制指挥权。

〈译文〉

黄帝制造了剑,可以用剑来比喻打仗时的排兵布阵。后羿制造了弓弩,可以用弓弩来比喻打仗时军队的气势。夏禹制造了舟车,可以用舟车的灵活多变来比喻用兵的机动灵活。商汤、周武王制造了长兵器,可以用长兵器紧握在手比喻作战中的控制指挥权。以上四个方面都是兵学原理的具体体现。

知其道者,兵有功,主有名。

(《孙膑兵法·势备篇》)

〈译文〉

懂得了用兵规律,作战就能取得功绩,君主就能威名远播。

凡兵之道四:曰阵,曰势,曰变,曰权。

察此四者，所以破强敌，取猛将也。

(《孙膑兵法 · 势备篇》)

〈译文〉

用兵打仗的原则有四个方面：阵、势、变、权。掌握了这四个方面，就可以打败强大的敌人，擒拿勇猛的敌将。

若欲知兵之情①，弩矢其法②也。

(《孙膑兵法 · 兵情篇》)

〈注释〉

①兵之情：用兵治军的道理。兵，此指治军。

②法：效法，这里指例子、比喻。

〈译文〉

如果想知道用兵治军的道理，可以用弩矢来做比喻。

正衡再累既忠①，是谓不穷②。

(《孙膑兵法 · 行选篇》)

〈注释〉

①正衡再累既忠：正，校正、调整。累，秤锤、砝码。再累，指一再增减砝码，使称量准确。忠，通“中”，不偏不倚、适中。此句意谓不断调整天平，使砝码与所称之物达到平衡。

②不穷：指人才层出不穷。

〈译文〉

选取人才要像天平称物一样，不断调整天平，达到不偏不倚的平衡状态，这样人才就会层出不穷。

称乡悬衡[1]，虽[2]其宜也。

（《孙膑兵法·行选篇》）

〈注释〉

①称乡悬衡：称，称量。乡，通“飨”，本义是用酒食款待人，引申为犒赏。悬衡，挂起秤，指衡量轻重利弊。

②虽：通“唯”。

〈译文〉

量功行赏，也要反复权衡，以适宜为度。

夫民有不足于寿[1]而有余于货[2]者，有不足于货而有余于寿者，唯明王、圣人知之，故能留之[3]。

（《孙膑兵法·行选篇》）

〈注释〉

①不足于寿：即贪生怕死。不足，不满于。寿，寿命。

②货：物资财富。

③留之：用之。

译文

百姓中有富有而贪生的人，有贫穷而不怕死的人。唯有英明的君主和圣哲能了解并利用民众贪生和求生的特点，使他们各尽其能，为我所用。

夫解杂乱纷纠者不控卷①，救斗②者不搏撠③，批亢捣虚④，形格势禁⑤，则自为解耳。

（《史记·孙子吴起列传》）

注释

①控卷：握紧拳头。卷，即拳，拳头。

②救斗：劝解斗殴。

③搏撠(jǐ)：动手打人。撠，击、刺。

④批亢(kàng)捣虚：避实击虚。批，避开。亢，咽喉，引申为要害。

⑤形格势禁：在用兵的形势上，给敌人制造障碍。格，阻碍。禁，禁止。

译文

要想解开乱丝，不能握紧拳头使劲硬扯；劝解斗殴时，不能插身进去帮打。应该避开敌人力量充实的地方，攻打敌人力量空虚的地方，在用兵的形势上给敌人制造障碍，

争斗就会自行解开。

善战者因①其势②而利导③之。

(《史记·孙子吴起列传》)

注释

①因:依照、凭借。

②势:形势或客观条件。

③利导:向有利的方面引导。

译文

善于作战的人,能够利用客观条件并且向有利于自己的方向引导。

凡伐国之道,攻心①为上,务先服其心。

(杜佑《通典》卷一六一)

注释

①攻心:打击敌人的心理。

译文

大凡讨伐敌国的方法,都是以打击敌人的心理为上策,一定要首先使敌人在心理上屈服。

孙膑语录

战术篇

概述

孙膑继承了孙武的诡道用兵思想，作战时也讲求用诡诈之法，主张在战争中要采取“饵敌”“眩疑”“钓战”“乖举”“昧战”等各种诡诈手段诱敌就范。在战法的采用上，他提出要“因地之利，用八阵之宜”，根据双方兵力对比以及地形、气候等条件，灵活用兵。比如，在不同兵力对比的情况下采取的战法不一样。在“敌强我弱”时，要采用“让威”之法；在“未知众少”时，要采用“险成”之法；在“击均”时，要采用“营而离之”之法；等等。在不同地形条件下，要调配不同的作战兵种，“易则多其车，险则多其骑，厄则多其弩”。在战争中，孙膑特别注重对阵法的运用，提倡要因地制宜，灵活布阵，布阵时兵力部署必须“有锋有后”，要遵循“用阵三分”“斗一，守二”“以一侵敌，以二收”的原则，即要用三分之一的兵力做前锋部队去冲锋陷阵，三分之二的兵力做后卫待令而动，伺机接应救援。在兵器的运用上，要将各种兵器相互配合使用，尤其注重发挥长兵器和弓弩的威力。孙膑非常注重通过“治气”来提高军队的战斗力，并按照战争进程的阶段顺序详细叙述了在战争不同时期鼓舞士气的方法。他还强调作战要善于用“势”，在战争中要造成“令士必斗”的险峻态势，才能促使士卒拼死作战。

示之疑。

(《孙膑兵法 · 擒庞涓篇》)

〈译文〉

用疑兵之计迷惑敌人。

示之不知事[①]。

(《孙膑兵法 · 擒庞涓篇》)

〈注释〉

①不知事:不知军事,即不懂得用兵规律。

〈译文〉

给敌人造成我们不懂用兵规律的错觉。

分卒而从[①]之,示之寡。

(《孙膑兵法 · 擒庞涓篇》)

〈注释〉

①从:随行。

〈译文〉

分派少量士兵跟随轻车前进,以显示我军兵力单薄,

借以麻痹敌人。

以轻卒尝[①]之，贱[②]而勇者将[③]之，期于北，毋期于得[④]。为之微阵以触其侧[⑤]，是谓大得。

（《孙膑兵法·威王问篇》）

〈注释〉

①尝：试探、侦察。

②贱：低下，这里指地位。

③将：率领。

④期于北，毋期于得：只许佯败，不许求胜。期，必须。北，败北。得，得胜。

⑤为之微阵以触其侧：用隐蔽的兵力去攻击敌人的侧翼。微，隐蔽。触，攻击。侧，侧翼。

〈译文〉

（两军实力相当的时候）以轻装便捷的小部队去试探着进攻对方，由地位低下但作战勇敢的人去率领，只许佯败，不许求胜。这是大胜敌人的最好的办法。

毁卒乱行[①]，以顺其志，则必战矣。

（《孙膑兵法·威王问篇》）

注释

①毁卒乱行:故意使自己部队的行列显得混乱。卒,古代军队的一种编制名称。《周礼·小司徒》曰:"五人为伍,五伍为两,四两为卒,五卒为旅,五旅为师,五师为军。"行,队列。

译文

故意使自己部队的行列显得混乱,以迎合敌人贪胜的欲望,敌人必定会出兵和我决战。

可以止而止,可以行而行。

(《孙膑兵法·威王问篇》)

译文

可以停止时即刻停止,可以行动时就果断行动。

营①而离②之,我并卒③而击之,毋令敌知之。

(《孙膑兵法·威王问篇》)

注释

①营:迷惑。

②离:分散。

③并卒:集中兵力。

〈译文〉

迷惑敌人，设法使敌人分散兵力，我方则集中兵力攻打他，不要让敌人察觉我方的意图。

患兵者[①]地也，困敌者险[②]也。

（《孙膑兵法·威王问篇》）

〈注释〉

①患兵者：妨碍军队行动的因素。患，妨碍。

②险：险要的地势。

〈译文〉

妨碍军队行动的是不利的地形条件，陷敌人于困境是靠险阻要隘。

鼓而坐[①]之，十而揄[②]之。

（《孙膑兵法·威王问篇》）

〈注释〉

①坐：坐阵，即击鼓进军，却令士兵坐阵不前，以此来迷惑敌人。

②揄（yú）：牵引、引诱。

〈译文〉

击鼓进军，却令士兵坐阵不前，以此来迷惑敌人，同时用各种方法引诱、调动敌人。

锥行者，所以冲坚毁锐也。

（《孙膑兵法·威王问篇》）

〈译文〉

锥形阵，是用来冲击敌人的坚固阵地，摧毁敌人的精锐部队的。

众卒[①]者，所以分功[②]有胜也。

（《孙膑兵法·威王问篇》）

〈注释〉

①众卒：一般士卒。

②分功：分，分担。功，工作，指作战任务。

〈译文〉

一般的士卒，是用来分担一定的作战任务，以帮助精锐士卒争取胜利的。

蒺藜[①]者，所以当沟池[②]也。车者，所

以当垒[3][也]。[□□者],所以当堞[4]也。发[5]者,所以当俾堄[6]也。

(《孙膑兵法·陈忌问垒篇》)

注释

①蒺藜:用木或金属制成的有刺的障碍物,散布在地上以阻碍敌人行进,因形状像植物中的蒺藜,故名。

②沟池:护城河之类的设施。

③垒:壁垒,古代军营四周所筑的防御工事。

④堞(dié):城上的矮墙。亦称"女垣"或"女墙"。

⑤发:疑借为"瞂(fá)",即盾。

⑥俾堄:即"埤堄(pì nì)"。城墙上有孔的矮墙,俗称"城垛",用以掩护身体和观察敌情。这里是说盾的作用相当于城垛。

译文

蒺藜可以用来当作沟堑或护城河。战车可以用来当作壁垒。……可以用来当作城上的矮墙。盾牌可以用来当作埤堄。

长兵[1]次之,所以救其隋[2]也。鏦[3]次之者,所以为长兵[□]也。短兵次之者,所以难其归而邀其衰也[4]。弩次之者,所以当投机[5]也。

(《孙膑兵法·陈忌问垒篇》)

注释

①长兵:长柄的兵器。

②隋:疑借为“隳(huī)”,毁坏。此指危急。

③锹(cōng):古兵器,一种短柄的矛。

④难其归而邀其衰也:阻拦敌人的退路,截击疲惫的敌人。难,困难,此指阻拦。邀,截击。衰,疲惫。

⑤投机:投石机,古代的一种攻城武器,可把巨石投进敌方的城墙和城内,造成破坏。这里是说弩的作用相当于投石机。

译文

长柄兵器配置在后面,可以随时用来援救危急之处。配置锹等短柄兵器在它的后面,用来辅助长柄武器。短柄武器配置在它的后面,可以用来截断敌人的退路、截击疲惫的敌人。弩机配置在它的后面,可以用来当作抛石机。

见使谍[①]来言而动。

(《孙膑兵法·陈忌问垒篇》)

注释

①谍:己方派出去的间谍。

译文

等派出去的间谍回来报告了敌人行动的确切状况后再采取行动。

抚时而战[1]，不复使其众。

（《孙膑兵法·月战篇》）

〈注释〉

①抚时而战：遵循天时来作战。抚，遵循。

〈译文〉

顺应天时而战，就不需要反复用兵。

用阵三分，诲[1]阵有锋[2]，诲锋有后[3]，皆待令而动。

（《孙膑兵法·八阵篇》）

〈注释〉

①诲：通“每”。

②锋：前锋。

③后：后续兵力。

〈译文〉

布阵时，兵力分成三部分，每阵都有前锋，每个前锋都有后续兵力，所有人都要听从命令，统一行动。

斗[1]一，守[2]二。

（《孙膑兵法·八阵篇》）

注释

①斗:战斗。

②守:留守、待机行动。

译文

以三分之一的兵力与敌交战,以三分之二的兵力待机行动。

以一侵[1]敌,以二收[2]。

(《孙膑兵法·八阵篇》)

注释

①侵:进攻。

②收:歼灭。

译文

用三分之一的兵力攻破敌阵,用三分之二的兵力聚歼敌人。

敌弱以乱,先其选卒[1]以乘[2]之。敌强以治,先其下卒[3]以诱之。

(《孙膑兵法·八阵篇》)

注释

①选卒:经过精心挑选的士卒,即精锐部队。

②乘:趁机进攻。

③下卒:与选卒相对,战斗力弱的士卒。

译文

如果敌人力量薄弱且阵势混乱,就先用精锐部队乘机去进攻它。如果敌人力量强大且阵势严整,就先用战斗力弱的士卒去引诱它,然后伺机歼敌。

易①则多其车,险则多其骑,厄②则多其弩。

(《孙膑兵法·八阵篇》)

注释

①易:宽阔平坦的地形。

②厄:两边高峻中间狭窄的地形。

译文

地形宽阔平坦时多用车兵,地形险峻时多用骑兵,地势狭窄阻塞时多用弩兵。

居生①击死②。

(《孙膑兵法·八阵篇》)

注释

①生:即生地,指有路可走的有利地形。

②死:即死地,指无路可走的不利地形。

译文

占据有利地形,攻击处于不利地形的敌人。

凡地之道,阳①为表,阴②为里,直者为纲③,术者为纪④。纪纲则得,阵乃不惑。

(《孙膑兵法 · 地葆篇》)

注释

①阳:高亢明敞向阳的地形。

②阴:低洼幽暗背阴的地形。

③直者为纲:直,平直宽广的地形。纲,提网的总绳,指主要地形。

④术者为纪:术,错综复杂的地形。纪,散丝的头绪,与“纲”相对,指次要地形。

译文

地形条件的一般情况是,以高亢向阳宽敞的地形为表,以低洼背阴幽暗的地形为里,以平坦的地形为纲,以错综复杂的地形为纪。掌握了纲和纪,布阵作战时就不会迷惑。

春毋降[1],秋毋登[2]。

(《孙膑兵法·地葆篇》)

〈注释〉

①降:从高处降到低处。

②登:从低处登到高处。

〈译文〉

春季不要离开高处往低处安营,秋季不要离开低处到高处安营。

阵无锋[1],非孟贲[2]之勇也敢将而进者,不知兵之至也。

(《孙膑兵法·势备篇》)

〈注释〉

①锋:前锋。

②孟贲:战国时期的勇士。

〈译文〉

军阵没有前锋,又没有孟贲那样勇猛的人,竟敢领兵去进攻敌人,实在是太不懂得用兵之道了。

有锋[1]有后[2],相信不动[3],敌人必走。

(《孙膑兵法·势备篇》)

注释

①锋:前锋。

②后:后续部队。

③相信不动:相互信任配合,阵势稳固。

译文

布阵既有前锋,又有后续部队,相互信任配合而使阵势稳固,敌人必定败走。

发于肩膺[①]之间,杀人百步之外,不识其所道[②]至。故曰:弓弩势也。

(《孙膑兵法·势备篇》)

注释

①肩膺:肩膀和前胸。

②道:由、从。

译文

(箭镞)从肩膀和前胸之间发出,射杀敌人于百步之外,而敌人还分不清箭镞是从哪里射来的,所以说弓弩好比兵势。

势者,攻无备,出不意。

(《孙膑兵法·势备篇》)

〈译文〉

所谓兵势，就是攻其不备，出其不意。

权者，昼多旗，夜多鼓，所以送战[①]也。

(《孙膑兵法·势备篇》)

〈注释〉

①送战：指挥作战。

〈译文〉

所谓主动权，就是白天多设旌旗，夜间多用金鼓，以此来指挥战斗。

兵胜敌也，不异于弩之中招[①]也。此兵之道也。

(《孙膑兵法·兵情篇》)

〈注释〉

①招：箭靶。

〈译文〉

用兵而能战胜敌人，与射箭能射中靶子没什么两样，这就是治军、用兵的道理所在。

合军聚众，[务在激气[1]]。复徙[2]合军，务在治兵利气[3]。临境近敌，务在厉气[4]。战日有期[5]，务在断气[6]。今日将战，务在延气[7]。

（《孙膑兵法 · 延气篇》）

注释

①激气：激发士气。

②复徙：连续行军。复，反复、多次。徙，拔营迁移。

③利气：提高军队的战斗士气。

④厉气：激励士气。厉，通“励”。

⑤战日有期：作战的日期已经确定。期，约期。

⑥断气：使士卒有拼死一斗的勇气。

⑦延气：保持高昂的士气。

译文

集合民众，组建军队，一定要激发部队的士气。连续行军，奔赴战场，一定要注意整顿军队和提高军队的战斗士气。将要临近边境，与敌相接，一定要激励部队的士气。作战的日期已经确定，一定要使士卒有拼死一斗的勇气。在交战的当天，一定要使部队保持高昂的士气。

战胜而阵以奋国。

（《孙膑兵法 · 官一篇》）

译文

战胜敌人之后要严整军容,以振奋国威。

隐匿谋诈,所以钓战[1]也。

(《孙膑兵法·官一篇》)

注释

①钓战:诱敌上钩。

译文

隐瞒企图,施用计谋,是为了诱敌出战。

龙隋陈伏[1],所以山斗也。

(《孙膑兵法·官一篇》)

注释

①龙隋陈伏:龙,取老态龙钟之义。龙隋,形容军队披靡不振作之状。陈伏,即设置伏兵。

译文

佯为披靡不振之状,暗设伏兵以待敌,这是在山地的作战方法。

不意侍卒[1]，所以昧战[2]也。

（《孙膑兵法·官一篇》）

〈注释〉

①侍卒：侍，即“待”。卒，借为“猝”。

②昧战：偷袭、不宣而战。

〈译文〉

出敌不意，突然袭击的战术适用于偷袭。

疏削[1]明旗，所以疑敌也。

（《孙膑兵法·官一篇》）

〈注释〉

①削，通“旓”。竹简兵法佚文《十阵》中提到“疏阵”大概就是这种方法。具体做法是加大部队之间的距离，多布旌旗，表示部下众多，使敌人疑怯，是一种以少击多的战法。

〈译文〉

旗帜布列疏朗鲜明，是为了迷惑敌人。

简练剽便[1]，所以逆喙[2]也。

（《孙膑兵法·官一篇》）

注释

①简练剽便:简练,精选训练。剽便,骁勇敏捷之士卒。

②逆喙:逆,迎击。喙,鸟兽的嘴,此指军队的前锋。

译文

精选训练骁勇敏捷的士卒,是为了迎击敌军的前锋。

揆断藩薄①,所以眩疑②也。

(《孙膑兵法·官一篇》)

注释

①揆断藩薄:揆断,故意拆断。藩,屏障。薄,草木。

②眩疑:迷惑敌人。

译文

故意拆毁藩篱屏障,是为了迷惑敌人。

伪遗①小亡②,所以饵③敌也。

(《孙膑兵法·官一篇》)

注释

①遗:遗弃。

②亡:亡失。

③饵:诱饵,此处用作动词指引诱。

译文

故意丢掉一些小利,是为了引诱敌人。

孝弟良五德[①]者,士无壹乎,虽能射不登车。

(《孙膑兵法 · 五教法篇》)

注释

①五德:军人必须具备的五种品德。现篇中有“孝弟良”三项,残损二项,可能是“忠义”或“仁义”。孝,善事父母。弟,同“悌”,敬爱兄长。良,品行端正。

译文

(忠、义)孝、悌、良等五德,士兵只要有一项不具备,即使善射也不能让他登上战车。

夫骑者,能离[①]能合[②],能散能集;百里为期,千里而赴,出入无间[③],故名离合之兵也。

(杜佑《通典》卷一四九引“孙膑曰”)

注释

①离:疏开。

②合:靠拢。

③无间:没有障碍。间,这里训为“隔”。

译文

骑兵部队,既便于疏开和靠拢,又便于分散和集中,以百里之远约期会战,千里之遥驰驱赴敌,出兵与归师皆无障碍,因而骑兵被称为“离合之兵”。

用骑有十利:一曰迎敌始至;二曰乘敌虚背;三曰追散乱击[1];四曰迎敌击后,使敌奔走;五曰遮其粮食,绝其军道;六曰败其津关,发其桥梁;七曰掩其不备卒,击其未整旅;八曰攻其懈怠,出其不意;九曰烧其积聚,虚其市里;十曰掠其田野,系累其子弟。

(杜佑《通典》卷一四九引“孙膑曰”)

注释

①乱击:当为“击乱”,即攻击混乱之敌。

译文

使用骑兵作战有十项好处:一是在敌人刚刚到来的时候攻击它;二是攻击敌人虚弱的侧背;三是追击散乱逃窜

之敌;四是攻击敌人的前锋和后卫,使敌军败逃;五是截取敌人的给养,切断其军事交通;六是袭击敌人的渡口、关塞,破坏其道路、桥梁;七是突袭没有戒备的敌人,攻击队形不整的敌军;八是乘敌疏忽,攻其懈怠,出其不意;九是焚烧敌人的物资储备,破坏敌人的城邑和乡村;十是掠取敌人田野中的粮食,俘虏敌国随时待征入伍的青年。

骑战之道,以虚实为主,变化为辅,地形为佐。

(曾公亮、丁度《武经总要》前集卷四《用骑》引"孙膑亦曰")

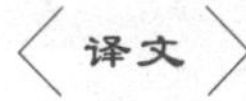

译文

运用骑兵作战的规律是以避实击虚为主,以随机应变为辅,以一定的地形条件为帮助。

孙膑语录

治军篇

概述

要想取得战争的胜利，必须有一支素质精良、战斗力强的军队。尤其在孙膑生活的战国时期，战争的规模日益扩大，军队人数不断增加，兵员的素质也良莠不齐，军队的治理对于诸侯国来说至关重要。孙膑继承和发展了孙武的治军建军思想，提出了一系列有关军队组织和建设的理论。他指出，“强兵之急者”在于“富国”，只有国富才能兵强，发展经济是进行战争、增强军队战斗力的基础。作为战争指挥者的将帅，必须具备“忠”“信”“敢”“智”“勇”“知道”“数战”等品德和才能。在军队组织和建设方面，孙膑非常重视“选卒”的作用，认为士卒必须经过挑选，组成一支勇猛的先锋部队，才能夺取战争的胜利。他强调，军队必须有严明的法制和纪律，将帅要执法公平、信赏明罚，这样才能使士卒作战勇敢，军队才能拥有强大的战斗力。另外，用兵不要穷兵黩武，如果频繁作战，军队得不到休整，军队的战斗力就会大减。在君、将、兵的关系上，孙膑认为，君主要给予将帅独立专断之权，而不要横加干预；将帅也要对君主忠心耿耿，没有二心；将帅要关心爱护士卒，这样才能“得众”“取众”；将帅之间也要团结和睦，一致对外。他还用弓弩射箭比喻君、将、兵之间的关系，强调三者必须同心协力，密切配合，才能取胜。

素信。

(《孙膑兵法·威王问篇》)

译文

(将领)必须严守信用。

严而示之利。

(《孙膑兵法·威王问篇》)

译文

对士卒既要法令严明,又要让他们看到有利之处而去奋勇作战。

夫赏者,所以喜众①,令士忘死也。罚者,所以正乱②,令民畏上也。

(《孙膑兵法·威王问篇》)

注释

①喜众:让大家高兴。

②正乱:整饬军纪。正,纠正、整饬。

译文

奖赏,是为了提高士气,让士兵高兴,因此而拼死作

战。惩罚，是为了整饬军纪，让士兵对将领有敬畏之心。

料[①]敌计[②]险，必察远近……将之道也。

（《孙膑兵法·威王问篇》）

注释

①料：估料、分析。

②计：考察、审核。

译文

估料敌人的情况，研究地形的险易，考察距离的远近……是为将之道。

选卒力士[①]者，所以绝阵取将[②]也。劲弩趋发者，所以甘战[③]持久也。

（《孙膑兵法·威王问篇》）

注释

①选卒力士：经过挑选的精锐士卒。

②绝阵取将：突破敌阵，擒杀敌将。绝，断绝、攻破。

③甘战：激战。甘，通“酣”。

译文

经过挑选的精锐士卒，是用来突破敌阵、擒杀敌将的；驰驱善射的弩兵，是用来与敌人持久激战的。

兵之胜在于选卒[①]，其勇在于制[②]，其巧[③]在于势[④]，其利[⑤]在于信[⑥]，其德[⑦]在于道[⑧]，其富在于亟归[⑨]，其强在于休民[⑩]，其伤在于数战[⑪]。

(《孙膑兵法·选卒篇》)

注释

①选卒：挑选士卒。

②制：制度，军纪。

③巧：巧妙，机动灵活。

④势：形势，态势。

⑤利：锋利，锐利。此指军队战斗力强。

⑥信：守信，此指赏罚有信。

⑦德：德行，品行。此指军队的素质。

⑧道：即导，引导。

⑨亟归：迅速回来，此指速战速决。

⑩休民：使部队及时得到休整。民，指士兵。

⑪数(shuò)战：频繁征战。

译文

用兵打仗能够取得胜利在于精选士卒，士卒作战勇敢在于军纪严明，军队作战机动灵活在于将帅懂得因势利导，军队战斗力坚强在于将帅赏罚有信，军队素质优良在于将帅引导有方，军需充足在于速战速决，军队保持强盛不衰在于能使部队及时得到休整，军队战斗力受到伤害在于长期频繁的征战。

德行者，兵之厚积[①]也。

（《孙膑兵法·选卒篇》）

注释

①厚积：丰厚的储备。

译文

良好的德行，是军队建设的深厚基础。

信者，兵【之】明赏也。

（《孙膑兵法·选卒篇》）

译文

良好的信用,是赏罚分明的保障。

恒胜[①]有五:得主专制[②],胜。知道,胜。得众,胜。左右和,胜。量敌计险[③],胜。

(《孙膑兵法·选卒篇》)

注释

①恒胜:经常打胜仗。

②得主专制:得到君主的信任,有指挥作战的自主权。

③量敌计险:分析敌情,研究地形的险易。

译文

用兵打仗保持长胜不败的条件有五个:将帅能得到君主的信任,有指挥作战的自主权的,能获胜;将帅懂得用兵打仗的规律的,能获胜;将帅得到士卒的拥护和信赖的,能获胜;将帅之间团结和睦的,能获胜;将帅善于分析敌情、研究地形险易的,能获胜。

恒不胜有五:御将[①],不胜。不知道,不胜。乖将[②],不胜。不用间,不胜。不得众,不胜。

(《孙膑兵法·选卒篇》)

注释

①御将：将帅在战场上受君主的牵制。御，驾驭、控制。

②乖将：将帅之间不和。乖，离异。

译文

用兵打仗总是失败的原因有五个：将帅在战场上受君主的牵制，对军队没有全权指挥权的，不能获胜；将帅不懂得用兵打仗的规律的，不能获胜；将帅之间不和睦的，不能获胜；不能使用间谍了解敌情的，不能获胜；将帅不受士卒的拥护和信赖的，不能获胜。

胜在尽□[①]，明赏，选卒，乘敌之□[②]。是谓泰武之葆[③]。

（《孙膑兵法·选卒篇》）

注释

①胜在尽□：张震泽《〈孙膑兵法〉校理》推测，“尽”下面残缺之字应为“忠”字。意思是胜利的取得在于将帅能够忠于国家和君主。

②乘敌之□：张震泽《〈孙膑兵法〉校理》认为，“之”下面残缺之字应为“弊”字。句意与“乘敌之危”“乘敌之隙”相近。

③泰武之葆：军队强大的法宝。泰，同“太”，大。葆，同“宝”。

〈译文〉

胜利的取得在于将帅能够忠于国家和君主,奖赏严明,有精选的士卒,善于乘敌之弊。这是使军队强大的法宝。

不得主① 弗将也。

(《孙膑兵法·选卒篇》)

〈注释〉

①得主:得到君主的信任。

〈译文〉

得不到君主的信任,就不要带兵打仗。

不忠于王,不敢用其兵。不信于赏,百姓弗德。不敢去不善,百姓弗畏。

(《孙膑兵法·选卒篇》)

〈译文〉

将帅不忠于君主,就不能让他带兵。不能信赏明罚,士卒就会离心离德。不敢惩处违反军规军纪之人,士兵对军令就不会敬畏。

智不足，将兵[①]，自恃[②]也。勇不足，将兵，自广[③]也。不知道[④]，数战不足[⑤]，将兵，幸[⑥]也。

（《孙膑兵法·八阵篇》）

注释

①将兵：率军作战。将，带领。

②自恃：自负。

③自广：盲目自大。

④不知道：不懂得用兵打仗的规律。

⑤数战不足：缺乏实战经验。

⑥幸：侥幸。

译文

智谋不足，却带兵打仗，是自负的表现。勇气不足，却带兵打仗，是盲目自大的表现。不懂得用兵之道，缺乏实战经验，却带兵打仗，是企图侥幸取胜的表现。

矢，卒也。弩，将也。发者[①]，主[②]也。

（《孙膑兵法·兵情篇》）

注释

①发者：用弩弓射箭的人，即射手。

②主：国君。

〈译文〉

箭好比士卒，弩弓好比将领，用弩弓射箭的人好比是君主。

用兵移民[①]之道，权衡[②]也。

（《孙膑兵法 · 行选篇》）

〈注释〉

①用兵移民：治理军队，使士兵和民众归附。移，归附。民，士兵和民众。

②权衡：用秤称量轻重。权，秤锤、砝码。衡，秤杆。

〈译文〉

治理军队，使士兵和民众归附，和用秤称量东西是一个道理，都必须有一个客观公正的标准。

权衡，所以选贤取良也。

（《孙膑兵法 · 行选篇》）

〈译文〉

反复衡量比较，是为了更好地选取人才。

明爵禄。

（《孙膑兵法·杀士篇》）

〈译文〉

明确规定因功封爵授禄的标准。

明赏罚。

（《孙膑兵法·杀士篇》）

〈译文〉

明确规定赏罚的标准。

必审而行之。

（《孙膑兵法·杀士篇》）

〈译文〉

执行军令要严肃认真，通过调查研究，慎重行事。

挢①而下之，士死②。

（《孙膑兵法·杀士篇》）

〈注释〉

①挢:同“矫”,屈。

②死:甘愿效死。

〈译文〉

为上者能够屈己礼士,士卒就会甘心为之效命。

气不利则拙①,拙则不及②,不及则失利。

(《孙膑兵法 · 延气篇》)

〈注释〉

①拙:反应迟钝。

②不及:不能迅速应变。

〈译文〉

如果不能提高军队的战斗士气,军队就会反映迟钝,涣散懈怠,反应迟钝就不能迅速应变,不能迅速应变就必然导致作战失利。

立官则以身宜①。

(《孙膑兵法 · 官一篇》)

注释

①身宜:本身适宜某项官职。

译文

任命官吏要选拔称职的人。

善教者于本①,不临军②而变。

(《孙膑兵法·五教法篇》)

注释

①本:根本、原则,这里指对部队进行管理教育的根本性原则。
②军:战争。

译文

善于对部队进行管理教育的人,对那些根本性的原则,不会在面临战争时随意更改。